JN247854

ハーバード・MIT・
海外トップMBA出身者が
実践する

PRO-LEADER
11 Truths a Leader Must Do

日本人が知らない プロリーダー論

小早川鳳明
Kobayakawa Homei

PHP研究所

経営改革の過程で
退職を余儀なくされた従業員の皆さまへ

私は、日本・海外合わせて50社以上の企業の経営改革を、企業参謀として担ってきました。外資系コンサルティング会社勤務時代や経営改革・企業再建の専門家としての活動によるものです。例を挙げると、日本を代表するグローバルメーカー、化学メーカー、全国展開する小売チェーン、各百貨店に出店する高級アパレルブランドです。危機に直面した多くの大企業の経営改革も行いました。その裏側で多くの従業員の人生を大きく変えてしまったことも事実です。私にとって最も印象深い再建プロジェクトは、数万人の従業員を抱えるグローバルメーカーの経営立直しです。

当時、私は従業員数万人を抱える企業を再建しなければならない立場にあり、グループ内の赤字子会社のM&Aによる売却を推進していました。そのため私は、売却されることに反対していた当該子会社の各部門長に対して「この売却には夢がある。これまで、あなたたちの会社は赤字続きで新規事業への投資余力もなかったが、売却されれば、新しい親会社から新たな資金の支援を受けられるようになり、これまでできなかった新しい取り組みや事業投資がしやすくなる」と売却に同意するよう説得をしました。結果、そのグループ子会社は私が説得をした各部門長たちと共に海外の企業に売却されます。しかしその売却直後に、その売却されたグループ子会社の数百人の従業員が一斉に退職してしまったのです。売却後、新体制の下で、期待される成果を生めなかったその部門長たちは、新しい親会社である海外企業の経営者に退職を迫られ、部門長とさらにその部門長に従っていた従業員たちが退職していきました。

実は私が売却同意の説得をしたこれらの部門長は、大変お世話になった方々でした。終電が終わっても始発まで飲み歩きにつれていってくれるような心優しい部門長たちです。私は、経営改革の過程で、これらのお世話になった方々が所属する会社を売却し、結果的にこの人たちを退職に追い込んでしまいました。

大企業グループに新卒で入社し、20年以上勤めあげてきた部門長や従業員の方々が、経営改革の過程のM&Aによって大企業グループから売却され、40代後半で退職に追い込まれました。どれだけ過酷な状況だったかを想像すると、今でもこみ上げてくるものがあります。経営改革によって人生がくるってしまった方は数千人、その方々の家族を含めればもっと多くいらっしゃったでしょう。本書の刊行によって、日本のリーダーが育成され、会社の組織力が強まり、今後日本企業から二度とこのようなことが発生しないよう、皆さまの参考になればと思っております。

まえがき

問題

突然ですがここで問題です。優秀な海外のリーダーは、以下3つの選択肢のうちリーダーとしてどれを最も重視するでしょうか

一、チームメンバーがストレスなく働けるように、業務設計を行う
二、チームメンバーが円滑に業務遂行できるように適切な業務分担を行い環境を整える
三、チームメンバーには、目標だけ伝えておけばいい

正解は三番です。
本書を通して、この回答の理由を説明していきます。

あなたは、自分のチームの目標を5秒で言えますか？

私が共に仕事をしてきた海外の部長、課長、チームリーダーといったリーダーたちは、明日の業務をチームメンバーがどのように遂行するかということには考えを巡らせず、指示することもありません。しかし、**彼らは、「このチームは何をいつまでに完遂し、営業利益にいくら貢献すべきか」ということを常に考え、チームメンバーに理解させています。**常に考えているからこそリーダー自らがチームの目標を5秒で答えることもできます。

海外のリーダーは、常に目標を意識し、チームで共有しています。チームで取り組む仕事については個別の業務指示はしません。その代わりに緻密に目標設定を行い、チームメンバーの仕事をコントロールします（その方法は本書を通して詳しく解説します）。

もし、**あなたが、日々、どのような〝業務〟を行うのかを考えて過ごしているようなら、あなたやあなたが率いるチームメンバーはいつまでも成果を出すことができません。海外の優秀なリーダーは、日々のチームメンバーの目標をどう設定するかだけに頭を使っているのです。**

プロリーダーが常に成果を出せるのには秘密があった

私が共に仕事をしたハーバードやMIT（マサチューセッツ工科大学）などの海外トップスクールでMBAを取得したリーダーは皆、機敏に組織を動かし経営者の手足となって活躍していました。珍しいところではボツワナの炭鉱会社、南アフリカ最大級食品メーカー、中東のレストランチェーンのリーダーたちとも出会いました。これらのリーダーは、たとえ結成されたばかりの組織やチームであってもメンバーを動かし、経営改革を成し遂げていました。これらの一部の優れた**海外のリーダーたちは、皆同じ方法で成果を出していました。日本人が知らない方法を活用していたのです。**本書ではこの方法を成功するリーダーの真実①〜⑪として説明します。

このような方法を用いて成果を出している海外の優秀なリーダーを、本書では「プロリーダー」の代表として取り上げます。海外の優秀なリーダーと反対の言動をしているリーダーを「アマチュアリーダー」とでも呼びましょう。

✓プロリーダーは営業利益に貢献できるチームをつくることに、とことんこだわる。
——プロリーダーは営業利益増に直結する業務以外は、部下に仕事をさせない
——プロリーダーは「毎日行わなければならない固定された業務」があると感じたことがない

プロリーダーは、「自分の率いるチームやチームメンバーは会社の営業利益に貢献することを一心に考えるべきであり、そのために、チームやチームメンバーの目標を設定すべき」と考えています。そして、プロリーダーはチームやチームメンバーが目標を達成するためにすべきことは何かを常に考えています。目標を効率的に達成するためにどう業務を運用すべきかを考えているため、周囲の環境変化に合わせて業務アプローチも日々変化させます。

一方、アマチュアリーダーは「自分の率いるチームやチームメンバーが、日々決められた特定の業務をこなすために存在する」と考えてしまいます。**アマチュアリーダーは、日々決まった業務をまっとうすることに思いを巡らせ、それに時間をかけてしまいます。しかし、このような考え方では、周囲の環境変化に対応して業務を設計し直すことはしないため、気づかないうちにチームの成果が低くなり、会社の業績低下の要因となるのです。**

日々の業務を頑張って取り組む人は、アマチュアリーダー

湧いて出てくる目の前の業務の対応に時間を使っている人は、アマチュアリーダーです。

一方、プロリーダーは違います。例えば、調達物流管理担当のプロリーダーは、日々の主な仕事はトラブル対応だとしてもこれが自分の重要な仕事だとは考えません。コスト削減のために、調達先や物流委託先に対して新しい条件を次々と持ちかけ、値下げ交渉に取り組みます。プロリ

ーダーは決められた仕事を日々繰り返しやるのではなく、**会社の利益に直結する仕事を常に探し回ります。**

利益に直結しない日々の業務や仕事に注力するリーダーは会社の営業利益に貢献しているとは言えません。利益に貢献しないチームメンバーの給与は〝利益を生まないコスト〟になります。**利益を生まない仕事は部下にさせず、目標達成に必要なものは何かを考え、それに対して集中的に取り組むことが必要です。**

周囲の環境が悪いから、成果が出せないと思っていませんか？

私がこれまで再建に取り組んだ多くの日本の会社のリーダーたちは、成果が出せないのは「市場環境が悪いから」「人手が足りないから」「優秀な人間をチームに割り振ってもらえないから」と言っていました。

私自身、大学を卒業し会社に入りたてのころはよく上司に怒られ、言い訳をしていました。**「運悪く難しい仕事を担当させられてしまったのだ、誰がやってもうまくできないものを任されても成果が出せるわけがない」**と思っていました。

しかし、果たして本当にそうでしょうか。**世の中には、与えられた環境が悪くても、成果を出**

せる人もいます。成果を出す人たちは、**いつも同じ方法を繰り返すだけで成果を出しています。**

経営危機に直面した会社を再建する海外のプロリーダーにとって、与えられる環境は常に最悪です。例えば、「商品が売れず債務超過間近」「従業員の低いモチベーション」など会社は崩壊寸前です。それでも、海外のプロリーダーは必ず会社の再建を成し遂げます。

私自身も企業の再建にあたる際には、どんな業種・規模の会社でもいつも同じ考え方を用いて臨んでいます。周囲の環境のせいにして、手を緩めることは決してしません。

海外の優秀なリーダーたちから組織を動かす方法論を学べば1000億円生み出せる

私自身、外資系コンサルティング会社在籍中に海外のプロリーダーから学んだことを活かし、経営危機に直面する様々な大企業の経営改革を実現しています。

売上数千億円・数万人の従業員の、世界中が知っているグローバルメーカーの事業計画を作成し、黒字化に導きました。経営改革の過程では、私自身が社長や各部門長のKPI（Key Performance Indicator）をつくり、賞与設計も行いました。取締役会を取り纏(まと)め、各部門長を直接指示することもありました。効率化のために、海外各国に存在する子会社再編の決定を後押しし、嫌がる子会社社長や部門長の説得を行ったこともあります。また、全国展開する小売チェーンでは、低価格商品を販売する新興チェーンに対抗できる新しいコンセプトを考え、顧客動線や出店計画の見直しも行いました。ほとんどの百貨店に出店している高級アパレルブランドの再建や、化学メーカーにおける数百億円の投資を伴う新規事業にも携わりました。

結果、これまでに海外・国内あわせて100人以上の役員・部門長と仕事をし、債務超過解消も含めれば累計1000億円以上の黒字化に貢献しました。

業種が異なる様々な大企業の経営改革を推進できたのは、優れた海外のリーダーから組織を動かす方法論を学んだからです。この方法論で、最悪な環境でも成果を出せるようになります。

チームリーダーを担うあなたは、日本のリーダーから学んではいけない

あなたの会社は、日本経済の成長が頭打ちとなった今でも、昔のように著しい成長を達成できているでしょうか。また、海外の競合企業が参入してきたとしても、打ち勝てるほどの強い組織と商品を持っているでしょうか。もし、少しでもあなたが会社の先行きに不安を感じることがあるのであれば、あなたの会社のリーダーは会社をよい方向に向かせるためのコントロールができていないということになります。そのようなリーダーからリーダー論を学ぶのは、今後グローバル企業と戦わざるを得ないあなたにとって、よい考えではありません。

現在の多くの日本の会社は、海外企業の脅威にさらされ、前出の企業のように経営不振に転じ

るリスクに直面しています。近年は、大企業が早期退職者を募集するケースも発生しています。

今後、これらの海外のリーダーと同水準の能力をあなた自身やあなたの会社のリーダーたちが手に入れなければ、あなたもあなたの会社も生き残れません。これから、会社を支えていく部長・課長・チームリーダーは、グローバルに通用するリーダー論を学ぶことが重要になってくるのです。

本書では、海外の特にハーバードやMITなどでMBAを取得したリーダーたちが、どのように組織を動かし、企業成長を実現しているのかを解説していきます。

小早川鳳明

日本人が知らないプロリーダー論　目次

第0章 外国人プロリーダーが送り込まれてきたチームを掌握するために必要なこととは？

第1章

第2章 チームメンバーが明日やる仕事はどう決まるべきか？

第3章 逆転の発想ができればチームを加速させられる

第4章 やる気を引き出す予算数値の作成方法とは？

第5章 自身の経験を最大化するプロリーダー術とは？

第6章 成果を出すためにリーダーが知っておくべき知見とは？

第7章 メンバーのやる気を引き出す 数字を使ったプロリーダー術

第8章 正しく部下の評価をするために、リーダーが持つべき考え方とは？

第9章 できなかったら理由をとことん追求するプロリーダー術

第10章 リーダーが一人で多数のチームメンバーを同時に動かすスマートな方法

第11章 本当のリーダーだけが持っている力

本書の構成

本書は、第1章から第11章にかけて、**成功するリーダーの真実**を各章で一つずつ紹介していきます。その後、その真実に関して「経営改革の事例」→「プロリーダーの思考術」→「明日からの実践」という3つのパートで詳しく解説をしていきます。

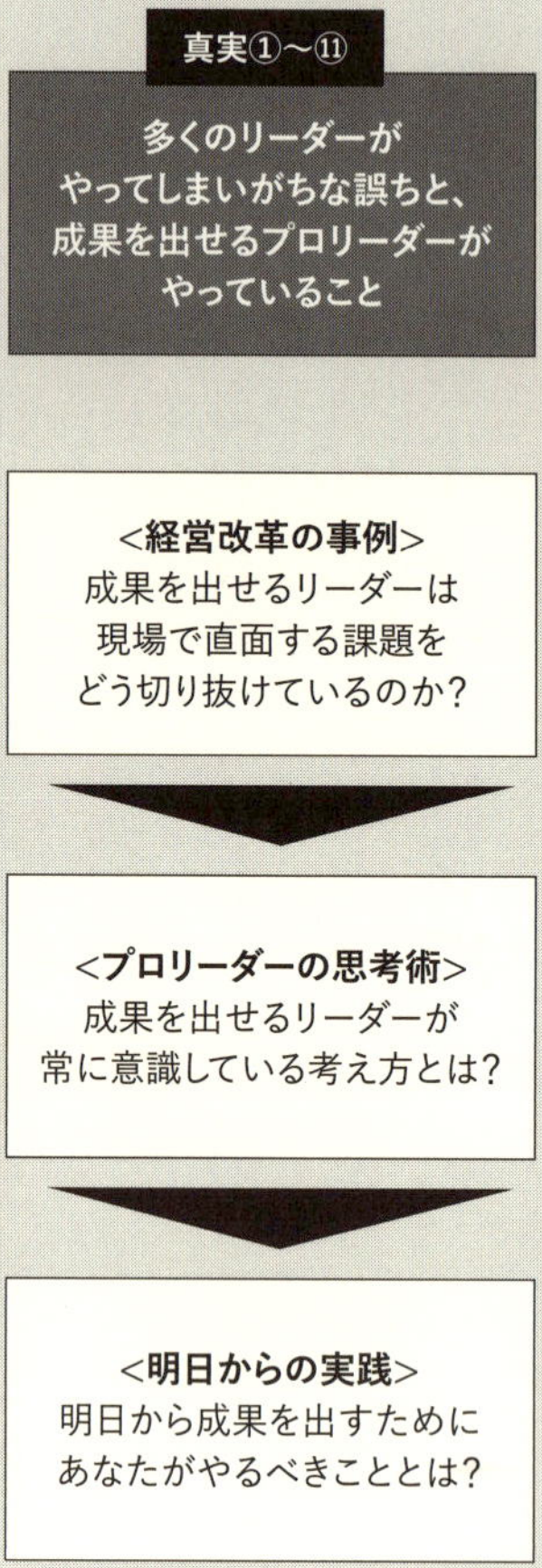

真実①〜⑪

**多くのリーダーが
やってしまいがちな誤ちと、
成果を出せるプロリーダーが
やっていること**

<経営改革の事例>
成果を出せるリーダーは
現場で直面する課題を
どう切り抜けているのか？

▼

<プロリーダーの思考術>
成果を出せるリーダーが
常に意識している考え方とは？

▼

<明日からの実践>
明日から成果を出すために
あなたがやるべきこととは？

プロローグ

従来の日本のリーダーが通用しなくなった

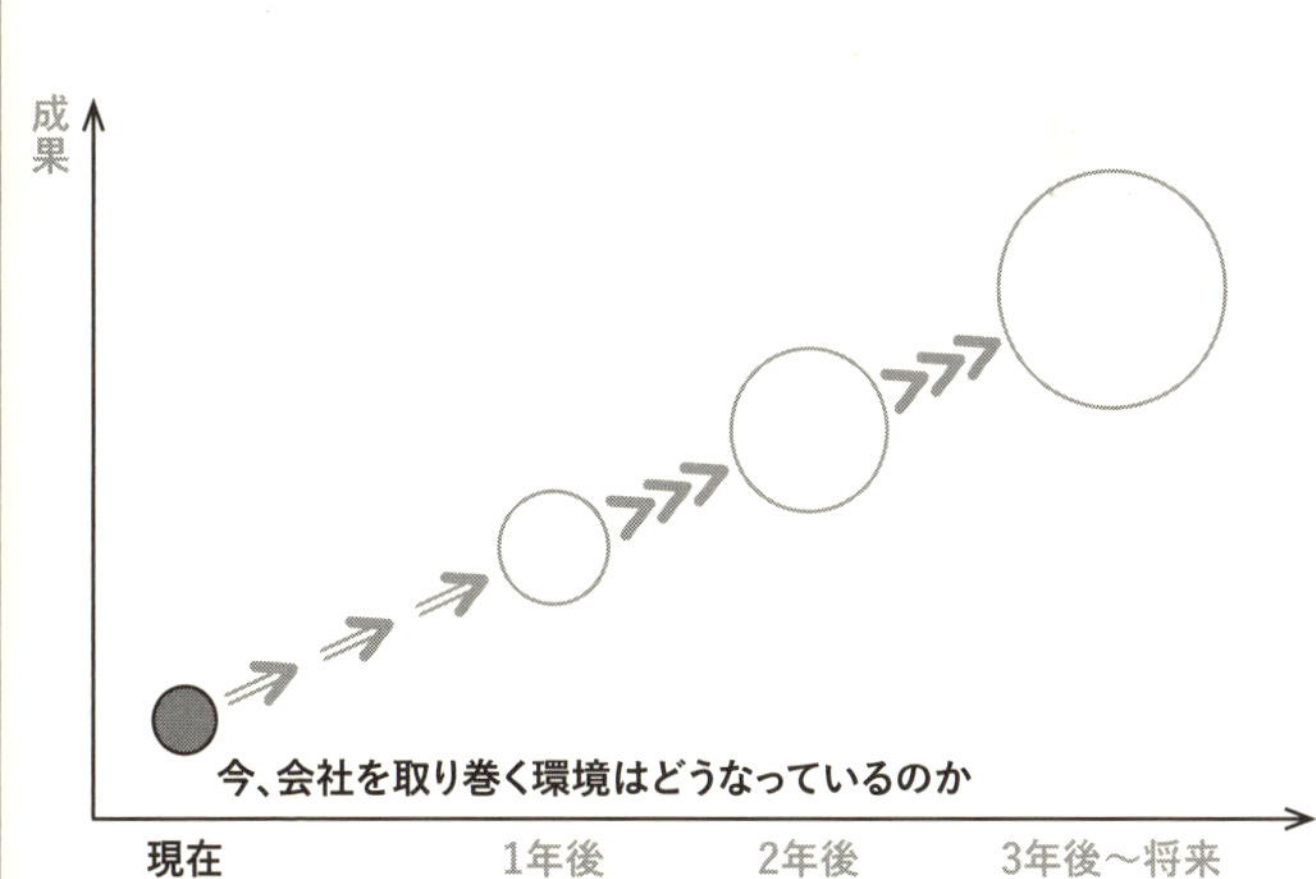

出世コースに乗っていた49歳男性の悲劇

中年リーダーが時代の変化に対応できなかった事例

近年、会社やビジネスパーソンを取り巻く環境は大きく変化し、従来のリーダー論は通用しなくなってきました。M&Aによって、ある日突然会社の環境が大きく変化するケースも増えてきました。従来のリーダー論を実践していた大企業は経営が傾くケースも増えています。しかし、これでもまだ実感がわかず、「私の会社は安泰である」と考えている方もいるかもしれません。そのような方のために従来のリーダー論が通用しなくなった実例を紹介します。ある日系グローバルソフトメーカーでのストーリーです。

グループ中核子会社社長への出世コースに乗っていたAさんだが……

有名私立大学を卒業し、新卒で大手の日系グローバルソフトメーカーに入社したAさん（49歳）は順調に出世街道に乗っていました。本社で営業を経験、海外駐在を経て、1年前に、グループの中核子会社の事業統括部長に就任。ここまで社内や各グループ会社で深い人脈も築いており、Aさんは1年後には副社長（Aさん50歳）、3年後には社長（Aさん52歳）に順調に昇格していくと周囲の誰もが考えていました。

Aさん個人は順調に出世コースに乗っていたのですが、一つ問題がありました。Aさんが勤務しているグループの中核子会社は営業赤字が5年間続き、資金繰りも苦しくなっていたのです。そのため、どう会社の立て直しを図るのか、検討が進められていました。Aさんは、会社の業績回復のために新たな中期経営計画作成に取り組んでいました。

大幅赤字で会社とともに中国企業へ売却されたAさん

そんな時、Aさんにニュースが飛び込みます。中期経営計画作成の最中だったAさんに、本社から、Aさんが勤務している中核子会社を中国企業へ売却するとの知らせが入ったのです。そしてAさんもこの会社の重要人材として中国企業への売却対象に含まれていると知らされました。

Aさんは、何やら本社できな臭い動きがあったのには気づいており、なんらかの検討が水面下で進んでいることがわかっていたものの、まさか自分が会社ごと中国企業に売却されるとは考えていませんでした。このニュースはAさんにとって、とても驚きの知らせだったのです。

この知らせの3カ月後に、Aさんが勤める中核子会社の中国企業への売却が完了しました。これにより、Aさんは新卒から長年勤めあげてきた日系グローバルソフトメーカーグループから切り離され、中国企業グループ傘下の社員となったのです。

Aさんは当初、新社長から重要人物とみなされていたが……

Aさんの会社が中国企業グループの傘下に入ってから数日後、Aさんの会社に中国人経営陣が送り込まれてきました。これまでの社長は解任され、中国企業グループ傘下の中国人新社長が就任したのです。どうやら新社長は、米国でMBAを取得し、欧米の数々の企業の経営改革・企業再建を実現してきたグローバルな経験が豊富なやり手の社長のようでした。

新社長就任から1週間後、これまで出世コースに乗っていたAさんに対して、新社長は「Aさんは会社の重要人物であるから、期待している。我々と一緒に頑張ってほしい」と声をかけていました。新社長はAさんに対して会社の事業状況を尋ねるとともに、新しい中期経営計画の作成も依頼し重要人物とみなしていました。

「製造ラインで作業員として会社に残る」か、「退職」かの選択を迫られる

当初、新社長から重要人物とみなされていたAさんでしたが、新社長就任から8週目に異変が起こります。中国人社長から衝撃的な言葉を伝えられることになりました。**「君の働きをこれまで見ていたが、成果が出ていない。仕事のスピードも遅い。正直言って、今のポジションに君の実力は見合わない。製造ラインで作業員として会社に残るか、退職するかどちらか選択してくれ!!」**と迫られたのです。

グローバルソフトメーカーAさんの事例

子会社社長への出世コースに乗っていた管理職だったAさんだが……

横浜市在住 49歳
持ち家あり

- ✓慶應義塾大学　商学部　卒業
- ✓営業・海外駐在を経て、子会社の事業統括部長に就任
- ✓社内の標準年次で順当に昇格しており、50歳で副社長、52歳で社長になれる想定だった

急遽、中国企業に買収される
中国人社長が社長に就任

君は、成果が出ていない。仕事のスピードも遅い
製造ラインで作業員として会社に残るか、退職するかどちらか選択してくれ!!

と、中国人新社長から迫られ、退職を余儀なくされた

実は、Ａさんには心あたりがありました。Ａさんは新社長の打ち出した新経営方針を実現するために中期経営計画を作成する役割を担っていましたが、新社長から期待されているスピードで作成を進められていませんでした。Ａさんは社内の各部の部長に声をかけ、新経営方針への合意形成に時間をかけたり、急な環境変化に対する部下の心のケアに時間を割いていたため、新社長に見える形で中期経営計画作成のアウトプットや成果をつくれていなかったのです。さらに、「中期経営計画の作成に着手する前に、まずは、新経営方針を社内の各部と合意形成させてほしい。そのため中期経営計画をすぐに作成することは難しい」と何度か中国人社長へ話をしていたのです。それに対して新社長は、「新経営方針は我々トップが決めるものであり、各部長へ伺いを立てるようなものではな

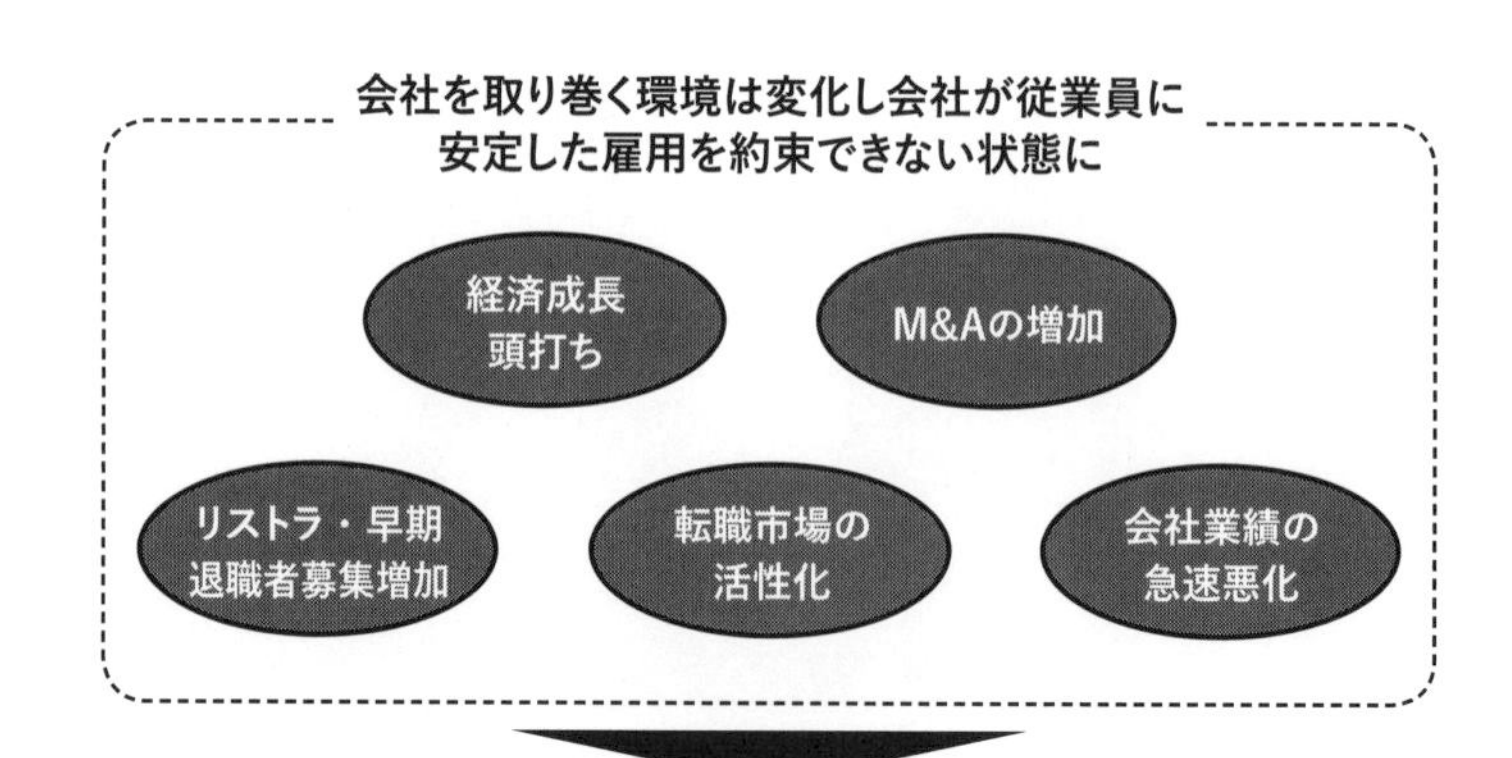

い。我々の新経営方針に反対する部長がいるのであればその人たちには会社から去ってもらえばいい」とAさんに回答していたのです。**Aさんはこの新社長の回答を無視して、従来のようにまずは各部長、特に反対する部長に対して丁寧な説明を行い、各部長の合意を取り付けるための活動**をしていました。

社内の合意形成に時間をかけすぎていたのがクビにつながった

どうやら、各部長とミーティングばかりを行っており、一向に見える形での中期経営計画の作成物が報告されてこない状況にしびれを切らした新社長が、Aさんに退職を迫るに至ったようでした。これまでのやり方で、**各部長との合意形成や部下の気持ちを重んじて組織を徐々に動かしていこうとしていたAさ**

んのやり方が、グローバルで企業の経営改革を進め、実績を上げてきた新社長からすると、「非効率的で遅い」と映ったのです。

大企業グループの出世コースから外れ、50歳間近で転職先を探すことに

これまで、日本の会社社会の中では評価されていたAさんでしたが、突然M&Aにより会社の株主が変わり、中国人新社長の下に置かれたAさんは、その環境に対応する能力を持ちあわせていなかったのです。結局Aさんは、会社を退職し50歳前にして新たな転職先を探すことになりました。

このようにAさんの身に起こったことは、グローバル競争が激化し、企業を取り巻く環境が変化している現在においては誰にでも起こり得ます。あなたの会社も1カ月後には経営不振で支店や店舗を大量に閉店したり、リストラをしたり、厳しい改革を新社長が突きつけてくるかもしれません。たとえ、あなたを取り巻く状況が変化したとしても、どんな環境でも常に正しくチームを動かし、成果を出せるチームリーダーとなることが、新時代のリーダーには求められているのです。

プロリーダーだけが知っている本当のリーダー論

そもそも〝プロリーダー〟とは、どのようなリーダーなのか

プロリーダーとは、営業利益に貢献できるチームをつくることにとことんこだわるリーダーです。そして実際にチームを率いて、営業利益に貢献できる成果を会社に提供し続けます。

プロリーダーは成果を出すための方法論を習得しているため、どのような環境、どのようなチームメンバーを率いたとしても、必ず営業利益に結びつけることができるのです。

具体的にイメージしやすいよう典型的な例を説明します。プロリーダーとは、数年ごとに転職を繰り返したとしても、毎回部長や課長といった管理職相当で採用されるような人間です。これらの人々はチームメンバーをコントロールし成果を生み出すことが安定的にできるという実績があるため、どんな企業にも常に管理職として迎え入れてもらえます。そして、新しい環境でもきちんとチームメンバーをコントロールする手腕を発揮することが期待されています。

プロリーダーのイメージ

職階の例

プロ経営者	•CEO •社長 •取締役 •執行役員	**会社全体を動かす** • 部長を掌握し組織全体をコントロールする能力を持つ • 経営・会計・技術などのあらゆる分野の知識を持ち指示を出せる
プロリーダー	•統括部長 •部長 •課長 •主任	**チームを動かす** • 経営者・従業員（上司・部下）のどちらもコントロールする能力を持つ • 経営目標を達成できるよう実務面でコントロールする ▪何を行うべきかプランを描ける ▪描いたプランをチームメンバーを動かして実行できる • 得意分野を一つ持ち、経営・会計・技術などのあらゆる分野の話題を理解できる
一般従業員	•スタッフ	

	プロリーダー	アマチュアリーダー
特徴	•経営・会計・技術などのあらゆる分野の勘所をおさえており指示出しができる •他社・他業界でも通用する知見を持つ	•特定の会社、特定の業界内で知見を蓄積し力を発揮する （但し、その他についての知識は極めて薄い）
経歴	•3~5年で転職を繰り返す •複数の業界を経験 •期待以上の成果を出し昇進・昇給を実現してきた （昇進・昇給機会があれば新しい転職先に飛びつく）	•新卒で今の会社に入社 •定年まで同じ企業で働く •在籍年数が長いことを理由に、昇進・昇給をしていく （昇進できるまでじっと耐えて在籍年数を積んでいく）
考え方	•会社や組織を動かすノウハウは、どんな業界・会社にも共通して通用すると考えている •業界・会社の個別事業に関係なく、会社をよくすることはできると信じている	•詳細な業務経験が重要であり、下積み時代を長く積むことで会社に貢献できると信じている •社内の人間関係が最も大事であると信じている

このように海外の優秀な管理職には、いつどのような会社に参加してもリーダーとしてすぐに営業利益に貢献し、成果を生み出すことができる「プロ」が存在します。チームを動かして期待された成果を達成することに対して高い給与を受け取る管理職は、本書では「プロリーダー」に位置づけられます。

プロリーダーを観察すると見えてくる、成果を出すための『11の真実』

では、このようなプロリーダーは、何が他のリーダーと異なっているのでしょうか。なぜ、どのような環境でも成果を出すことができるのでしょうか。成果を出し、会社に貢献している海外の優秀なリーダーの行動や考え方を見ていると、日本の多くのアマチュアリーダーとは異なることがわかってきます。

本書では、プロリーダー（営業利益に貢献し成果を出せるリーダー）とアマチュアリーダー（従来のリーダー）を比較し、リーダーが本当に成果を出すための11の真実を紹介します。

Column

いつでもクビになるプレッシャーがプロリーダー論をつくる

プロリーダーは頻繁に転職をくり返し、部長や課長などの重要な役職に突然就任します。転職者であるプロリーダーを採用する際に、会社経営者はそのデメリットを考慮したうえで採用を決意します。もし、転職者であるプロリーダーを雇用した場合には、その会社の既存の従業員にとっては、長年勤めてきた自身を差しおいて外様（とざま）の人間が重要な役職に就任することになるため、不満が出ることが想定されます。

しかし、このようなリスクがあっても、会社経営者はプロリーダーを雇用するという判断を下す場合があるのです。経営者は、既存の従業員が不満を持つリスクがあったとしても、中途採用としてプロリーダーを雇用するのです。

そのため、プロリーダーは会社経営者が当初期待していたとおり、利益に貢献する成果を短期間で生み出すのはもちろんのこと、既存従業員が不満を言えないくらい、既存従業員を凌駕（りょうが）する高い能力を発揮することが求められます。もし、成果をあげなければすぐにクビにされるのです。

実は、このようにすぐに成果を出さなければいつでもクビになるというプレッシャーが、プロリーダー論をつくり上げていきました。どんなチームのリーダーになろうとも、安定的に成果を出すことに注力します。成果が出ていることをわかりやすく数字で表す営業利益への貢献に注力し、営業利益に貢献するチームをつくることにとことんこだわるのです。**クビになるかもしれないというプレッシャーが、プロリーダーとして生き残るためのノウハウの蓄積を加速させました。**その結果、優秀なリーダーに共通したプロリーダー論が形成されたのです。**プロリーダーが共通して取る行動特性を形づくり、**

第0章

外国人
プロリーダーが
送り込まれてきた

ここからは、筆者が実際にプロジェクト統括チームで携わった代表的な経営改革プロジェクトを事例として紹介していきます。有名大学でＭＢＡを学んだ優秀な海外のリーダーたちがプロリーダーとしてどのように考え、チームを動かし、経営改革を実現していったのかを説明します。

筆者が複数の企業の企業参謀として、新社長とともに経営改革計画を検討し、実行指揮をしてきた際の出来事をまとめています。大意は変えずに、エッセンスを集約し一つのストーリー構成としています。なお、人物構成、事業内容、地域などは実際とは一部変えています。

赤字が続く日本のグローバルメーカーが香港企業に買収される

日本の老舗(しにせ)グローバルメーカー（C社）が香港企業に買収された事例です。C社は日本や海外のどこでも看板を見ることができる日本のメーカーです。音響機器を中心に消費者向け製品を販売していました。欧米はもちろん、韓国、中国、東南アジア、中東、アフリカと世界中に知られていました。日本のバブル経済期に躍進し世界に根付いたメーカーです。従業員は世界中合わせると数万人を抱えていました。

しかし、メインの日本国内の需要は低迷、韓国、中国の安価な製品が国内市場に流入したことで**約十年間赤字を抱えており、ついに香港の競合メーカーに買収されるに至った**のです。

数々の企業再建経験を持つ外国人プロリーダー

買収完了直後、買収されたC社に新社長と新経営企画部長が送り込まれました。ともに、世界の数々の企業再建に携わった経験のある外国人です。ここでは、第1章以降の事例で主要な登場人物となるこれら新社長、新経営企画部長と、買収された日本のグローバルメーカーに長年勤め今回経営企画部長補佐に就任した3名の略歴を紹介しましょう。

新社長（仮名：エドワード46歳）はこれまで数々の企業を再建したことがあるイギリス人です。アメリカのMITでMBAを取得後、外資系コンサルティング会社でマネージャーを務めました。その後、貿易会社、複数のメーカーにCEOとして従事していました。今回C社を買収した香港本社からは「2年以内に絶対に黒字化してほしい」と指示されています（香港本社は上場企業であり毎期業績発表をする必要があります。そのため、C社を早期黒字化すべきというプレッシャーが香港本社やその他関係者全員にかかっていました）。

新経営企画部長（仮名：ケリー42歳）はエドワード氏とともに数々の会社の業績回復を実現してきたアメリカ人です。新卒で外資系コンサルティング会社に入社し、その後、イギリスでMBAを取得します。新社長とともに貿易会社、メーカーに事業部長として従事した経験を持っていました。今回、現場実務の責任者として新経営企画部長に抜擢されました。日本人従業員の横に、自分のデスクを構え、業務の現場に入り込むことが期待されています。

経営企画部長補佐（仮名：橋本46歳）は、新卒でC社に入社し、勤続25年です。これまで中間管理職を務めてきました。もともと技術系出身であり、新卒当初は研究開発部にいましたが、経営に携わりたいと考えるようになり経営企画部へ異動しました。異動後は経営企画部で15年の経験を積み、次期経営企画部長候補と目されていましたが、ケリー氏の部長就任により部長就任が遠のくことになりました。

次章以降では、新経営企画部長のケリー氏を「プロリーダー」と位置づけて、日本人の部長補佐の橋本氏を「アマチュアリーダー」として説明していきます。

第1章

チームを掌握するために必要なことは?

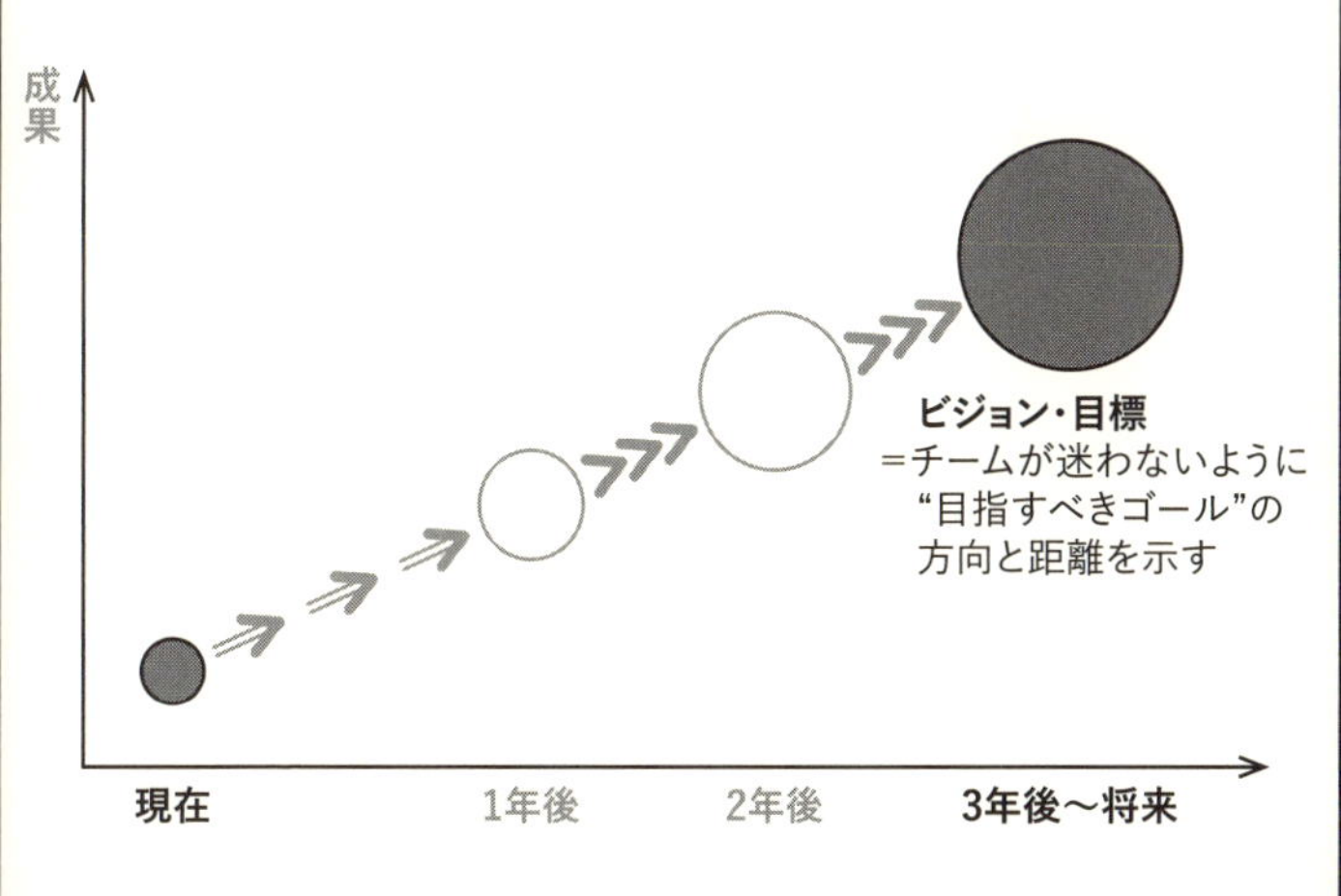

問題

あなたは、新しくチームリーダーに就任しました。
リーダーに就任したあなたが、最も大切にすべきは、どちらでしょうか
一、まずは、メンバーとプライベートな話をし、互いを知ることに時間を使う
二、まずは、仕事の話をする

正解は二番です。

互いのことをよく知ることは重要です。しかし、まず初めに行うべきはこのチームで何を目指すのか、認識を共有することです。何を目指すのか、チームメンバーが同じゴールイメージを持っていなければ、チーム結成の次の瞬間からチームメンバーはモチベーションのやり場に困り、メンバー各自が異なる方向を向き、まとまりのないチームになってしまうことでしょう。

ここでは、プロリーダーはチーム結成当初、何を行うのかを解説します。

真実①

アマチュアリーダーは、
自分の過去の経験のすごさをアピールするが

プロリーダーは、
自身が目指しているビジョン・目標を語り
チームメンバーの心をつかむ

経営改革の事例1

全従業員を集めたが、使用したのはたった2枚のプレゼンスライド

今回の買収が発表されたのは3月1日。新社長・新経営企画部長が就任したのは4月1日。従業員が買収のニュースを知ってから1カ月後に新社長・新経営企画部長がC社に送り込まれてきました。従業員の中には、「我々は知らないうちに、中華系企業へ売り飛ばされてしまった！」「外国の、しかも中華系の会社の指示に従うなんて絶対嫌だ！」といった不満を漏らすものも多くいました。このような状況の中、新社長・新経営企画部長が早急に実施したのは、可能な限り多くの従業員を集めて行うスピーチです。新経営企画部長であるケリー氏が着任した当日、部長補佐の橋本氏は、ケリー氏から呼び出しを受けます。そこで、2人の会話が始まりました。

ケリー氏「新経営企画部長に就任したケリーだ。今後、橋本さんと共に働くことになった。橋本さんのこれまでのC社での長いキャリアと輝かしい経験は伺っている。これから、共に協力して頑張ってC社をよい会社にしていこう。

さて、早速だが、なるべく多くの従業員を集めた全社会議を開いてもらえないだろうか。なるべく従業員全員が参加できるようにしてほしい。そこで今後の会社の方針などを社員全員に説明したいと思っている」

橋本氏「承知しました。日程を調整し、全社会議を設定するようにします」

橋本氏は、ケリー氏との会話を受けて、早速全社会議の予定調整に取り掛かります。本社以外に勤務している従業員には、ビデオ会議で生中継します。C社が香港企業に買収されてから初めての全社会議ということで、橋本氏はこの会議が重要であるということは、理解していました。橋本氏は、役員・各部長が全員参加できる日程の調整や、資料の作成期間、事前の準備期間を考慮して3週間後に実施することを考えていました。

しかし、この予定をケリー氏に連絡したところ、すぐに一蹴されてしまったのです。

ケリー氏「私は、**すぐに行いたい**のだよ。時間優先で考えてほしいな。もし出席できない人がいればビデオ録画をするなど、工夫すればよいでしょう。その人が重要人物ならば私から、別途もう一度、その人に説明しよう。とにかく直近の日程で全社会議を設定してほしい」

橋本氏は、設定した全社会議の日が遅すぎるとケリー氏から苦言を呈されてしまいました。ケリー氏は、従業員の中で不安やうわさが広がる前に、新社長や新経営企画部長、親会社の香港企業が**どういう考え方を持っているのかを早急に従業員へ伝えるべきと考えた**のです。結局、全社会議は5営業日後の4月7日に実施されることになりました。5営業日後に迫った会議に向けて橋本氏は、早速準備に取り掛かりアジェンダを作成しました。

〈橋本氏作成のスピーチ用アジェンダ〉

・香港企業の会社概要と新社長・新経営企画部長のこれまでの経歴と実績
・来期の売上目標数値

しかし、このスピーチ用アジェンダも、ケリー氏に苦言を呈されてしまいます。

ケリー氏「私の経歴や実績はどうでもよい。**全従業員に伝えるべきは、この会社が将来どうなるのか、その中で従業員一人ひとりがどうなるのかをきちんと説明して、皆さんの懸念を払しょくすること**だ。そのために**組織を導く新社長や私がどのようなビジョンを描き、C社に貢献しようとしているかを伝える必要があるのだ。**また、このタイミングで目標を数字で語るのはよくない。目標数値の押し付けに見えてしまい、反発を招いてしまうかもしれない。ただ、みんなのやる気を引き出せる目標は象徴的な数字で入れよう」

橋本氏は、ケリー氏の指示に従い、再度アジェンダを改め、エドワード氏とケリー氏がビジョンを語るためのスピーチ内容を用意し直しました。ケリー氏と一緒に準備をし、最終的にシンプルに2枚のプレゼンスライドのみを用いることになりました。

〈実際のスピーチ内容〉
・我々が考えるC社の素晴らしさ（プレゼンスライド1枚）
・我々が共に目指していきたいもの（プレゼンスライド1枚）

さぁ、立ち上がろう。
今が世界を切り開く時
〜再びグローバルシェア
No.1を取り戻す〜

たった2枚しかプレゼンスライドを用意しないというシンプルな内容に橋本氏は驚きました。全社員の前で行うスピーチは時間をかけて準備をすべきという既成概念を覆されたのです。

プロリーダーの思考術1

プロリーダーは、着任早々、自身の経歴は語らず、ビジョンと目標を語ることに全力を尽くす

今回の事例で、ケリー氏が着任早々最も重視したのは「一刻も早いスピーチの実施」「ビジョン・目標を語る」ということです。

ビジョン・目標の不在によって、メンバーに迷いや不安を感じさせてしまってはダメ

ケリー氏が「一刻も早いスピーチの実施」を重視したのは従業員に不安感を持たせないためです。これはすべての部長・課長・チームリーダーが意識すべきことです。もしあなたが新しくリーダーに就任した時、リーダーがこのチームで何を達成したいのか何も語らないまま1カ月を過ごすことを想像してみてください。日々の業務でどのような考え方・判断基準をもって業務を遂行すべきなのかチームメンバーはまったくわからず、業務遂行に困ることでしょう。何か、新しいやり方を取り組んでみたい、新しい研究を開始したいなど、チャレンジ精神のあるチームメン

バーであれば尚更、新しくチャレンジしてよいことなのかビジョンや目標などの判断基準となるものがないと判断がつかず困ることでしょう。

つまり、**リーダーからビジョンや目標が何も語られないままだと、チームメンバーはどこに向かって日々仕事をすればよいのかわかりません。そのため、短期間で不満が出てきてしまいます。目指している目標が見えないと場当たり的に仕事を行っている感覚に陥（おちい）ってしまうためです。**これを防ぐには、チームリーダーはチームメンバーに対して、一刻も早くビジョンや目標を語ることが重要なのです。

Point!

リーダーがチームのビジョンや目標を、チームメンバーに伝えない限り、そのチームは目指す方向を見失い、すぐに路頭に迷う

「ビジョン・目標を語る」べき理由は、チームとして向かう方向を定め、日々の仕事をなんのためにやっているのか見失わないようにするためです。**目標がわからないチームでの仕事はチームメンバーにとって苦痛**です。また、自分の業務において業務判断を求められた場合、よりどころとなるチームの方針がないと自身の裁量で迅速に判断することができません。目標がわからないまま仕事をすることはチームメンバーの不満につながるため、リーダーはメンバーに対してビジョンや目標をすぐに語るべきなのです。**リーダーがどんなに素晴らしい経験と経歴を持っていようと、日々の業務をこなすメンバーにとっては、関係ありません。**リーダーの素晴らしい経験・経歴は、メンバーが仕事をする際の判断基準や不満解消にはならないため、ビジョンと目標を語ることを重視すべきなのです。

さらに、ケリー氏は象徴的な目標数値（〝再びグローバルシェアNo.1を取り戻す〟）でビジョンを補足していました。ビジョンだけだと概念は伝わりますが、現在はどの程度目標から遠いのか、どの程度頑張ればよいのかを実感しづらくなってしまいます。象徴的な数値もビジョンに補足すると、より効果的です。

Essence

着任したリーダーは、真っ先に自身のビジョン・目標を語ることが大切

ビジョンで大まかな方向性を示し、象徴的な数値を含んだ目標で、ビジョン達成のためにどの程度頑張ればよいかの距離感を伝える

チームリーダーが初めて
チームメンバーに自分を理解してもらおうとする時

チームメンバーへの初回プレゼン資料例

プロリーダーの思考	アマチュアリーダーの思考

プロリーダーの思考

"さぁ、立ち上がろう。今が世界を切り開く時"

- 5年で売上世界シェアNo.1を実現する
- 3年後にアフリカを含む125カ国での製品販売を実現する
- 有給取得率、東京No.1を実現する

"どのようなビジョン・目標をチームと達成しようとしている人間なのか"を説明する

アマチュアリーダーの思考

経歴

・1958年生まれ 静岡県出身
・1980年 東京大学経済学部卒業
・1985年 浜浦電子入社

これまでの仕事

・営業部配属 5年間　ABC社担当
・調達部配属 4年間
・インド駐在 5年間
・営業企画部配属

"どんな経験・スキルを持っている人間なのか"を説明する

プロリーダーは自分自身の存在を、過去のスキルで仕事をする存在ではなく"チームを目標達成へ導く存在"であると認知している

明日からの実践1

チームのビジョン・目標は、あなたの一存で決めていい

さて、ここではすでに部長・課長・チームリーダーなどのリーダーとして働いているあなた自身が、リーダーとしてビジョン・目標をつくり、チームメンバーに伝えていく方法を説明します。〝チームのビジョン〟と聞くと、チームで話し合って決めなければと考える人もいるかもしれませんが、その必要はありません。チームの方向性を定めるのはリーダーの役割です。**プロリーダーは、チームメンバーにこうあってほしいという明確な考えを持っていて、それを実現するようメンバーに指示を出します。** あなたが、チームのリーダーとして、ビジョン・目標を作成する際も同様です。あなたの考えをきちんとチームに伝えればいいのです。

リーダーであるあなた自身がチームのビジョンや目標をつくる方法

まずは、「チームが会社の中で担う役割」「あなたの理想のチーム像」「チームメンバーのメリ

チームリーダーによるチームのビジョン・目標のつくり方

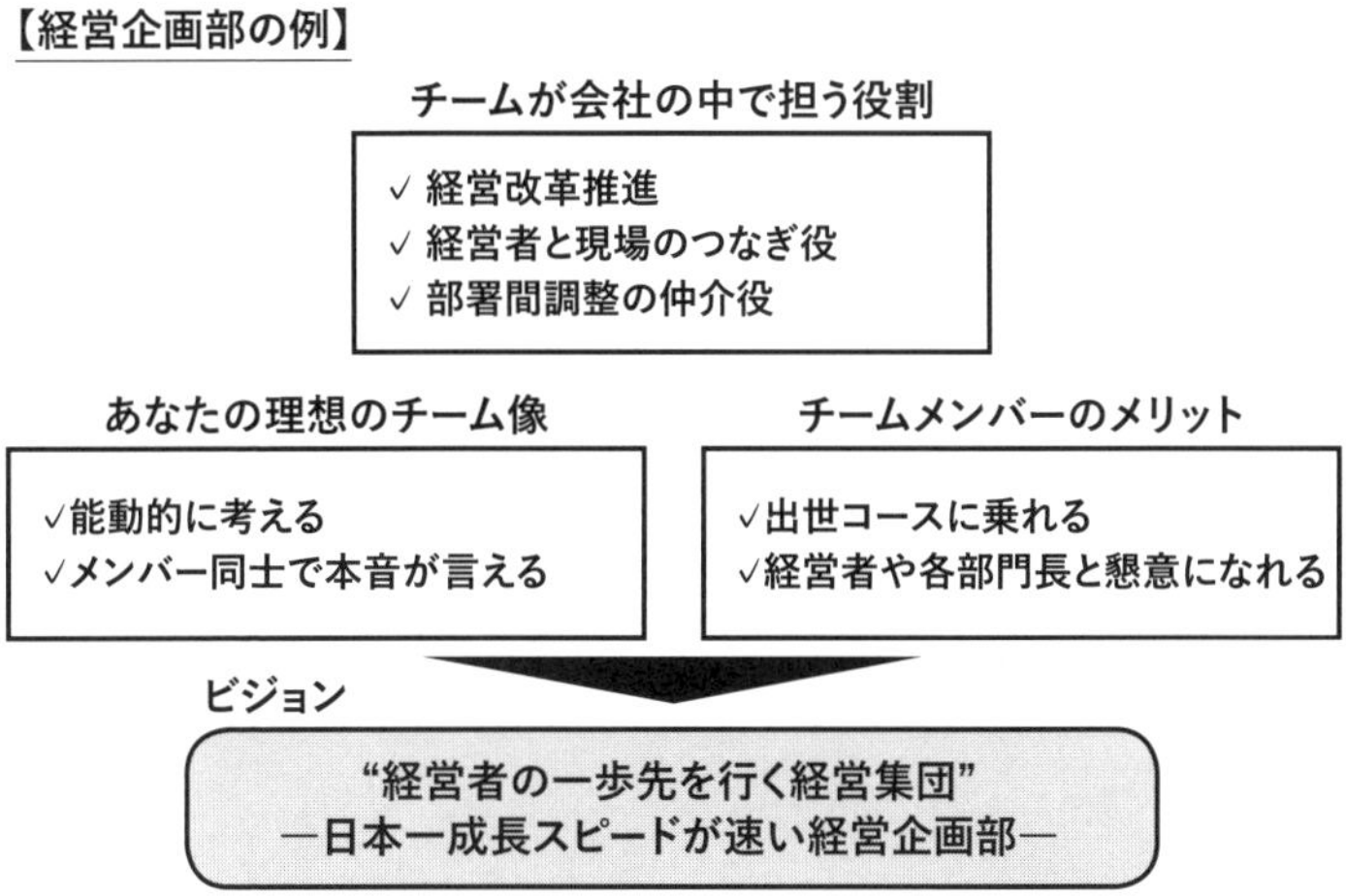

【経営企画部の例】

チームが会社の中で担う役割

✓経営改革推進
✓経営者と現場のつなぎ役
✓部署間調整の仲介役

あなたの理想のチーム像

✓能動的に考える
✓メンバー同士で本音が言える

チームメンバーのメリット

✓出世コースに乗れる
✓経営者や各部門長と懇意になれる

ビジョン

"経営者の一歩先を行く経営集団"
—日本一成長スピードが速い経営企画部—

ット」を箇条書きで書き出してみてください。

もちろん、あなたの個人的な考えを自由に書きましょう。そのうえで、それらすべてを見ながらキャッチフレーズとなるビジョンを考えましょう。象徴的な数値目標も、同様に考え出します。全社目標を踏まえ自分の部署やチームが課せられている責務を細分化していけば、あなたのチームにふさわしい目標が見えてくるはずです。

あなたが考えたビジョン・目標をどのようにチームメンバーに伝えるか

結成されたばかりのチームであれば、ケリー氏が行ったように、すぐに、プレゼンテーションの場を設定しチームメンバーに発表しましょう。しかし、昔から存在するチームで、あなたがすでにチームメンバーと共に長年働いていてチームとしての関係性を深めている場合は、**チームメンバーと顔を合わせる様々な場面でチームメンバーに伝え、ビジョン・目標をメンバーに刷り込んでいけばよい**のです。わざわざビジョンを描いた紙を印刷し壁に貼ったりプレゼンテーションで発表をする必要はありません。

例えば週次のチームの朝礼で、あなたがメンバーの前に立つ際、ビジョン・目標をさりげなく発言するのもよいでしょう。また、チームメンバーと飲みに行く際に、あなたのビジョン・目標を伝えるのもよいでしょう。さりげなくでもよいので、繰り返し口に出してメンバーに伝えることで、あなたのチームへの思いが含まれたビジョンをメンバーに刷り込んでいくことが大切です。

Essence

チームを一つに束ねたいなら、
リーダーが自らビジョン・目標をつくり、
これをチームメンバーの前で繰り返し口に出して伝える

第2章

チームメンバーが明日やる仕事はどう決まるべきか？

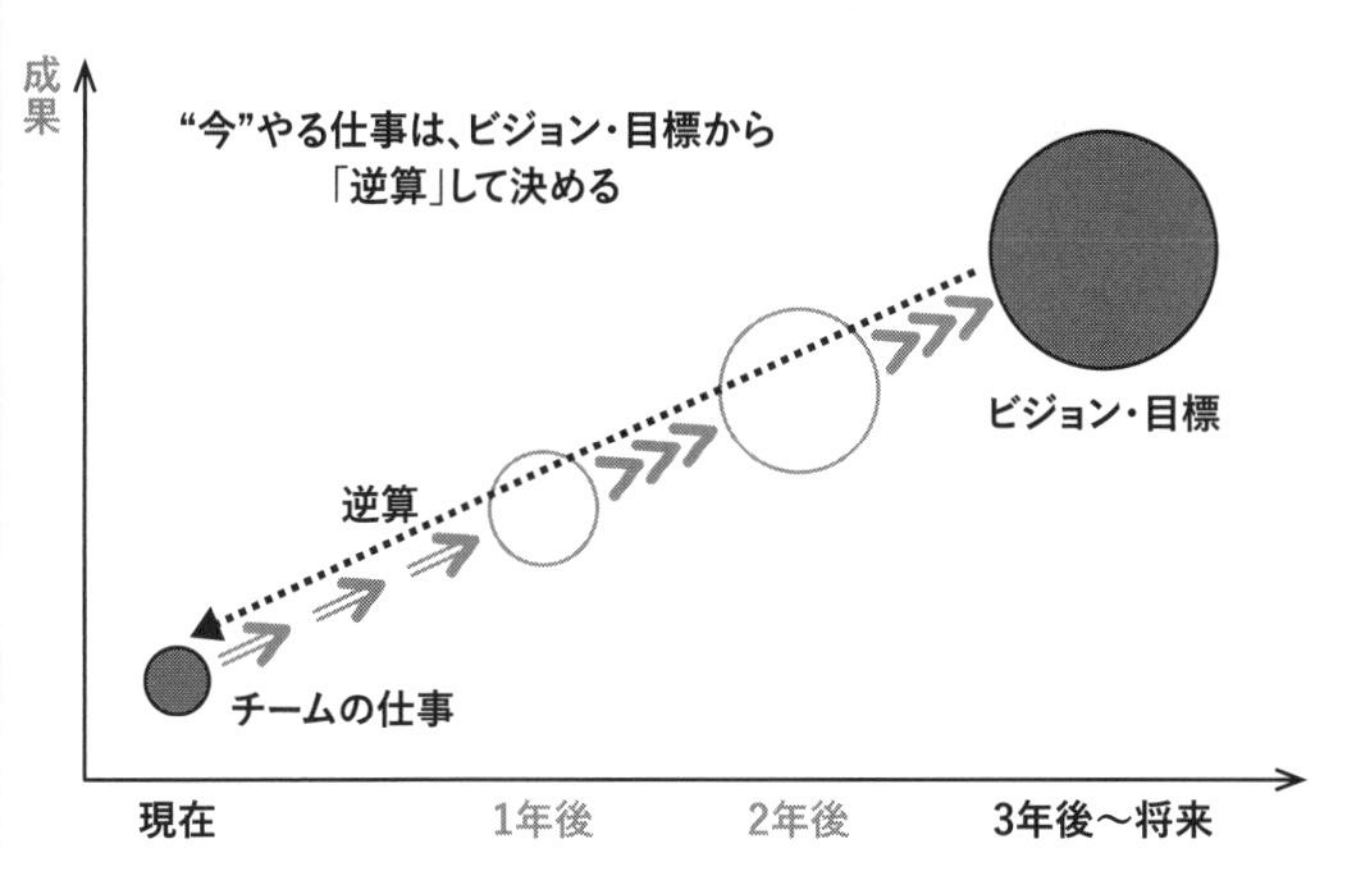

問題

リーダーであるあなたは、チームメンバーはどのような存在だと考えていますか

一、チームメンバーは、それぞれ得意な業務を請け負っており、代替できない存在である
二、チームメンバーは代替可能な存在である

多くの人は一番と答えるでしょう。しかし、一番と答えた人は、アマチュアリーダーです。あなた自身は気づいていないかもしれませんが、チームは個人の業務やスキルの積み上げで成り立っていると考えています。

しかし、プロリーダーは二番と答えます。**まず、チームが担う目標と責務があり、そのためにやるべき業務がある。最後にその業務を遂行する人間が存在すると考えています。プロリーダーにとって業務を遂行する人間が誰であるかは重要ではないのです。**プロリーダーにはチームを導き必ず成果を出すべきというプレッシャーがかかっています。どんな個性やスキルを持ったチームメンバーがチームにいようとも、それによってチームの成果量が影響を受けないよう、意識してチームをコントロールしています。チームメンバーが一人欠けても、常に一定の成果を出せるようにチームメンバーの仕事を設計しています。

真実②

アマチュアリーダーは、
チームの仕事はメンバーの個人業務の積み上げで
成り立つと考える

プロリーダーは、
チームの仕事はビジョン・目標からの逆算で
生まれると考える

経営改革の事例2

「チームとは個人の集合体」と思い込んでいたアマチュアリーダーが苦言を呈されたワケ

C社の事例に戻ります。会社買収直後の経営改革は異文化のぶつかり合いです。中でも、負荷がかかりやすいのは、会社の要(かなめ)となっている経営企画部です。ここでは、経営企画部に焦点をあてC社の事例を記載します。

新しく経営企画部長に就任したケリー氏は、まずは、自分が率いる経営企画部の今の仕事を理解することに乗り出しました。今の部署の業務の全体像を把握したいということで、ケリー氏と経営企画部所属経験の長い橋本氏は、ミーティングを行うことになりました。ケリー氏と橋本氏は2人で会議室にこもり、橋本氏は部に所属する一人ひとりについて説明を始めます。

ケリー氏「今日は、経営企画部がどのような仕事を行っているのか理解したい」

橋本氏「承知しました。それでは説明いたしましょう。井戸さんは、毎月10営業日目に経理部から、昨月の実績データを受領します。そのデータを使ってパワーポイントを10枚ほど作成し、経営会議で実績を報告します」

「林さんは今月は10日くらい業界団体を訪問していました。その他にも営業担当とともに10顧客程訪問をしていて……」

橋本氏が3人目の説明に入ろうとした時、ケリー氏に強い口調で説明を遮(さえぎ)られます。

ケリー氏「**一人ずつの業務の説明を聞いていても、全体像が見えない。まずは、経営企画部は全社の中でどのような機能を担っていて、さらにその機能は部内ではどういう分担がされているか説明してくれないか。**

林さんについても、林さんが何日間誰を訪問したかは私は気にしない。要するに、林さんは渉外機能を担っているということでしょう。私は林さんが外部と関係性を構築するためにどのようなスタイルをとるかは自由だと思っていて、何日間顧客訪問をするかなどに干渉するつもりはない。林さんが渉外担当として外部関係者と関係構築をしているのであれば、そのやり方は林さんに一任するから業務の具体的な内容をこの場で聞く必要はないんだ。経営企画部は社内でどんな機能を担っていて、その機能は誰が担っているのかという順番で説明してほしい」

ケリー氏は、**経営企画部が持っている機能の全体像を先に把握し、そのうえで、徐々に機能を細分化していく流れ**で、橋本氏が説明することを期待していたのです。その後、橋本氏はケリー氏の求める順番で一通りの説明を行いました。すると、再度ケリー氏からコメントを受けます。

ケリー氏「経営企画部の仕事について、おかげでだんだんわかってきた。ただ、本来C社の経営企画部が持っているはずの**機能の説明が抜けていたように思う**。一般的な経営企画部は、来期予算の作成を行う機能があると思うのだが、C社ではそのような機能はないのか。広報活動は経営企画部が担っていないのか。また、グループ会社本社と各種調整をする役割の人はいないのか」

橋本氏「すみません、お伝えし忘れました。来期予算の作成は、井戸さんが担当です。各部門長とすり合わせを行い、情報を収集しまとめています。また、広報やグループ会社本社との調整業務は林さんが兼務しています」

橋本氏は、C社の経営企画部の業務内容を今回初めて説明したにもかかわらず、なぜケリー氏が、説明から抜けていた業務を詳細に言い当てることができたのか不思議に思いました。橋本氏は、ケリー氏がよく自分のノートを見てから質問していることに気づき、身を乗り出してテーブルの反対側に座っているケリー氏のノートをのぞき込みました。

ケリー氏の手元のノートには、「（一般的な）経営企画部が部として本来担うべき機能」「C社の経営企画部が担当しているだろう機能」が書き留められています。ケリー氏は、本来経営企画部が担うはずの業務を事前に頭の中でイメージし、それを橋本氏に尋ねていました。**〝経営企画部が部署として達成すべき責務を踏まえると、この機能がこの部署には必要である。そこから逆算すると業務を担う人はいるはずだ〟**といった具合に、部として達成すべき責務から連想される、本来必要と思われる業務を書き出していたのです。これを基に、実際に誰が担当しているのかをチェックしていたのです。すなわちケリー氏は、橋本氏が説明をする前から、経営企画部が担っている機能は何があるかをあたりをつけてリストアップしていたのです。

ケリー氏は、橋本氏の話を〝誰が、どの業務〟という目線では聞いてはおらず、**〝部門としての責務を果たし成果を出すために必要な機能は何か、その機能はどのように分解され、それは誰が担っているのか〟という流れで考えていたのです。**

プロリーダーの思考術2

プロリーダーは、チームの〝誰が〟〝どのような手段〟で業務を行うかを考えるのに時間を使わない

プロリーダーには、どのようなチームメンバーを与えられようとも、常に成果を出さなければならないというプレッシャーがかかっています。そのような**プロリーダーが意識するのは、〝確実に成果を出せるチーム体制と仕組みを構築する〟**ということです。これは、単にメンバーの能力や人が足りているかを考えるという意味ではありません。**チームが責務を果たすために、必要なチームの機能とは何かを考える**ということです。プロリーダーは、チームの責務や目標達成のために、チームが持っていなければならない機能が何かを、まずは洗い出します。そのうえで、それぞれの機能を担当し遂行する人がきちんと割り当てられているかということを常に意識し確認しています。あなたのチームにおいても、成果を出すためにチームが持つべき機能が必ずあるはずです。これを、誰も担っておらず、そのような重要な機能の遂行者がいないことに気づいていないなら、いつまでたってもそのチームは力を発揮できず、成果も出せません。だからこそ、**「チームが達成すべきビジョン・目標を明確にする」↓「目標達成のために必要な機能を洗い出**

す」→「その機能を実行するメンバーの有無を明らかにする」というプロセスでチームの体制と仕組みの検討をしっかりと行う必要があるのです。

Point!

「チームが成果を出すためには、「本来チームが持つべき重要な役割や機能を気づかないうちに誰も遂行しておらず、成果を出しにくいチーム体制となっていないか」を常に疑う」

プロリーダーが意識することは、自分のチームが、期待されている成果を出せる体制と仕組みになっているかどうかです。そのため、個別の担当者が日々どのような業務を行っているかを気にしたり、「個別の担当者の業務を積み上げれば、チームとして行うべき業務は、きっと実施されているであろう」といった、個人の業務の積み上げでチーム全体の仕事は達成されているという考え方をプロリーダーはしません。**プロリーダーが最も重視する視点は、「本来チームが持つべき重要な機能を、気づかないうちに取り漏らしていて、高い成果を出せない状態になっていないか」ということです。**このような事態になることを防ぐため、プロリーダーは先にチームとしてあるべき像を考え、そこにチームメンバーを当てはめ、メンバーに仕事をさせます。**プロリー**

ダーは、現状のチーム体制と各メンバーの現状業務を所与とは考えず、常に、成果を出すためにあるべきチーム像を考え、そのあるべきチーム像に現状のチーム体制をどう近づけていくかを考えることに時間を使っているのです。

いつまでたっても成果を出せないのは、「今のチームメンバーの業務分担が正しい」と潜在的に思ってしまっているから

筆者が経営改革を担った上場企業で、ある西日本営業部長が「この部門は私が立ち上げたチームである。一人ひとり、それぞれ得意な業務があるため、私は得意な業務をそれぞれのメンバーにやってもらっている」と言っていました。しかし、これで一丸となって成果を生み出すチームになれるのでしょうか。**これではまとまりがあるチームとしてうまく機能しないはずです。**残念ながら、この営業部長の管轄する地域では、他の地域と比較して高い成果を出せていませんでした。

個別の人間が得意なことだけを行うチームだと、本来チームが目標達成のためにやらなければならない機能が抜け落ちてしまいます。リーダーが気づかないうちに統一感がないチグハグなチームになってしまうのです。

別の上場企業で、就任して1年を経過した経営企画部長が言っていた言葉も紹介します。

「実は、自分の部のメンバーがやっている業務について、本当に必要な業務なのかそうでないものなのかを僕自身は見直したことがないんだよ。僕は、もともとグループの別の会社に勤めていたのだけれど、実績が認められ、数年前に、この会社の経営企画部長に抜擢された。僕が部長に就任した時には、すでにこの部署は存在していて、メンバーは自分の担当する業務をやっていた。**私が着任する前からすでに部として実務を回せているメンバーだから、僕は、この部に必要な業務は何かということを考える必要がなかったんだよ。**僕が着任するよりもはるか昔から、部のメンバーがそれぞれ個別に業務を抱えて行っていたようなんだ。でも、部としてもきっちりと仕事が回せているようだから、今のままでいいと思っているんだ」

あなたの周囲のリーダーにもこの経営企画部長のような考えを持っている人は多く存在するのではないでしょうか。特に、数年でグループ会社を異動したり、昇格人事で自分がこれまで経験したことのない部門の部門長に急に着任するような人は、このような考え方を持っている傾向が強いです。このような多くの**アマチュアリーダーは、「歴史的に続いてきた既存の業務分担で、部としても仕事は回っているようだから引き続き同じ業務分担でやっていこう」と考えてしまうのです。チームメンバーも、「現在行われている業務の一つひとつは歴史上やることになった所与の業務」と考えてしまい、これを見直したり業務分担を変えたりということに取り組もうとは考えないのです。しかし、このような考え方ではうまくいきません。部署として成果を出すためにもっと時間を割くべき重要な機能があるかもしれないのに、それに気づけずに終わってしまいま**

す。

一方で、**プロリーダーは、既存のチームメンバーや今のチームが行っている業務を所与とは考えません。**常に、〝チームが持つべき機能は何か〟という視点から、必要な業務分担を逆算して見直し、大事な機能が抜け落ちないように意識しています。ビジネスや、自分のチームを取り巻く環境が変化して、チームの目標が変わったとしても、常に変化する環境にあわせてチームが求められる成果は何かを考え、それを実現するために必要な機能と役割分担を変化させながらチームメンバーのかじ取りをしていくのです。

Essence

チームの目標と責務を起点に逆算して考え直せば、今のチームから抜けてしまっている成果を出すために必要な業務を発見できる

チームメンバーを見る視点

プロリーダーの思考

チームが担う責務
/ 達成すべき目標

- 目標達成のための機能 1 — 担当Aさん
- 目標達成のための機能 2 — 担当Bさん
- 目標達成のための機能 3 — 担当Cさん

先に目標があり、目標達成のために必要な機能を洗い出す。
その機能を担う構成員がいると考えている

アマチュアリーダーの思考

複数名で構成されるチーム

- 構成員Aさん
  - ・XX業務1-1
  - ・XX業務1-2
- 構成員Bさん
  - ・XX業務2-1
  - ・XX業務2-2
- 構成員Cさん
  - ・XX業務3-1
  - ・XX業務3-2

先に構成員とその人が行っている業務をイメージする。
業務の積み上げで組織全体が成り立っていると考えている

チームメンバーを見る視点（C社の事例）

プロリーダーの思考

経営企画部

各部署を束ね会社全体を動かし、利益に貢献する
・オーナー /CEO へ会社の正しい状況を報告する
・オーナー / CEO の意向をかみ砕いて各部署へ指示する

- 予算通りに実績を出すため予実差確認をする — 井戸さん
- CEO へ月次報告する — 橋本さん
- CEO の指示を各部署へ伝達する — 林さん

「経営企画部はXXを担うべき」ということが先に明確になっており、そのためにはこんな機能があるはずと考える。その後、その機能を誰が(たまたま)担っているのかを把握する

アマチュアリーダーの思考

経営企画部

5 名で構成される部署

- 橋本さん
  - ・予算作成業務
  - ・予実差分析資料作成業務
- 井戸さん
  - ・月次報告資料作成業務
  - ・各部の業績データ回収業務
- 林さん
  - ・各部署とのコミュニケーション業務
  - ・ミーティング設定業務

部署の構成員と業務を理解する。その後、各メンバーの業務を積み上げて、当該部署全体がどのような業務を行っているのかを理解する

明日からの実践2

チームが達成すべき目標から逆算し組織体制をつくり直す

あなたは、自分のチームが目指すべき目標やチームが会社で担っている責務を明確に説明できるでしょうか。チームの目標を5秒で説明できるでしょうか。また、それを踏まえてあなたのチームに必要な機能とは何か答えられるでしょうか。あなたのチームの既存の体制が本当に最適なのか、今の体制で成果を出せるか、まず疑いましょう。

ここでは、プロリーダーが行う、最大限成果を出すための体制づくりを説明します。

（ステップ1） チームが担う責務、達成すべき目標を特定する

経営者の目線で俯瞰して、あなたのチームの位置づけを確認

チームが担う責務や達成すべき目標を効果的に正しく設定するのは意外と難易度が高いことです。多くのリーダーは、自分は正しく設定できていると考えがちですが、実際には正しく設定できていません。ここでは、具体例も用いて考えていきましょう。

まずは、あなたのチームが会社の中でどのような位置づけにあるのかを改めて考えましょう。「経理部だから会社の経理を担っている」「研究開発部だから研究開発を担っている」という考えでは不十分です。仮にこれらをチームの担う責務だと定義してしまうとします。すると、あなたのチームメンバーは自分が与えられた、いつもの仕事のみを淡々とこなしたり、自分が好きなテーマで研究開発を進めることでしょう。チームの責務の範囲内でまっとうなことを正しくやっているよい社員と考えることができてしまいます。このようにチームの責務を定めてしまうと、メンバー自身も自分達の働き方に罪悪感を覚えることはないでしょう。しかし、実際には、こう考えるチームメンバーが多いチームはバラバラになり成長していきません。もし、仮にリーダーであるあなたが彼らのこのような意識や働き方を是正したいと考えても、誤ったチームの責務を定義してしまっている状態では、彼らの活動は定義の範囲内の正しい活動ですので、あなたがチームメンバーに改善を促す根拠が弱くなってしまいます。あなたのチームの担う責務は何か、何をどの程度行うことが期待されているのか、チームの位置づけをリーダーであるあなたが正しく考え定義しましょう。

これこそが、自分のチームの担う責務や目標を考え出すときのコツです。会社には、様々な部署やチームが存在します。その中であなたのチームはどのような成果の達成を期待されているのかを考えるのです。その際に、他の部門と異なりあなたのチームが独自に担っている責務や目標、期待されていることは何かを考えるようにしてください。他の部門でも同様に当てはまる責務や目標は正しくありません。他の部門とは重複していない責務や目標となるよう、深く考えてください。重複せず独自であるからこそあなたのチームの仕事は唯一無二となり、その仕事の価値が出るのです。

　複雑になってきましたので、わかりやすいよう、具体的な例を用いて説明します。飲料メーカーのA飲料開発部に所属するA－1飲料レシピ開発チームとA－2製造工程・材料検討チームが担う責務・目標を考えてみます（72ページに組織図を示しておきます）。

　まず、これらの**チームの責務や達成すべき目標を考える際には、「営業利益増に貢献する」という観点をもって考えてみてください。**会社は営利目的であり、その会社にチームメンバーが雇用されている以上、**チームの責務は営業利益増への貢献**です。この視点を持っていないと、多くの赤字企業がそうであるように、「優れた技術が詰まった製品をつくったが、まったく消費者の購買につながらない」チームの責務や目標を設定してしまいます。

『A飲料開発部』は、単に画期的な商品を多数開発することがチームの責務であると思われがちです。しかし、**営業利益増に貢献するという観点を含めると、たくさん売れてかつ利益率が高い商品を開発する責務があると考えられます。**どんなに多くの面白い新商品アイデアを提案しても、営業利益増に貢献できるアイデアを生み出さなければ、ムダな業務を行う研究開発部門となってしまいます。営業利益増に貢献する研究開発部門には、高い収益が見込める精度の高い新商品アイデアに絞って、上部組織である「商品化検討委員会」へ提案することが求められるのです。

また、これを踏まえると、『A飲料開発部』の下部組織である『A－1飲料レシピ開発チーム』が担う責務や目標も見えてきます。『A－1飲料レシピ開発チーム』は、高い売上高の望める、すなわち消費者にできるだけ多く購買してもらえる調合を開発することが責務であると考えることができます。大衆に受け入れられないような革新的で変わった味の商品を開発するためにチームの時間を使うことは、ムダなことであるとわかると思います。

さらに、『A－1飲料レシピ開発チーム』の担う責務や目標を考える時には、周囲の他のチームの役割も考えるようにしましょう。今回の場合は、『A－1飲料レシピ開発チーム』の他に、商品の実現可能性を検討する別のチーム『A－2製造工程・材料検討チーム』が存在するため、製造難易度やコストについては、『A－1飲料レシピ開発チーム』の責務としては考慮しなくてもよいことがわかります。一方、もし『A－2製造工程・材料検討チーム』が存在しない会社であれば『A－1飲料レシピ開発チーム』では製造時の収益性まで考えて新商品の調合アイデアを考えることが求められるのです。このような検討プロセスを経てこの会社の『A－1飲料レシピ開発チーム』と『A－2製造工程・材料検討チーム』において、次ページ図に示した責務や目標を定めることができます。このように、**あなたのチームが担う責務や達成すべき目標を特定する際には、チームが所属する上部組織と周囲の他のチームの役割についても考えを巡らせたうえで、重複しないように検討する必要があるのです。**

経営者の目線で俯瞰してあなたのチームの位置を確認する

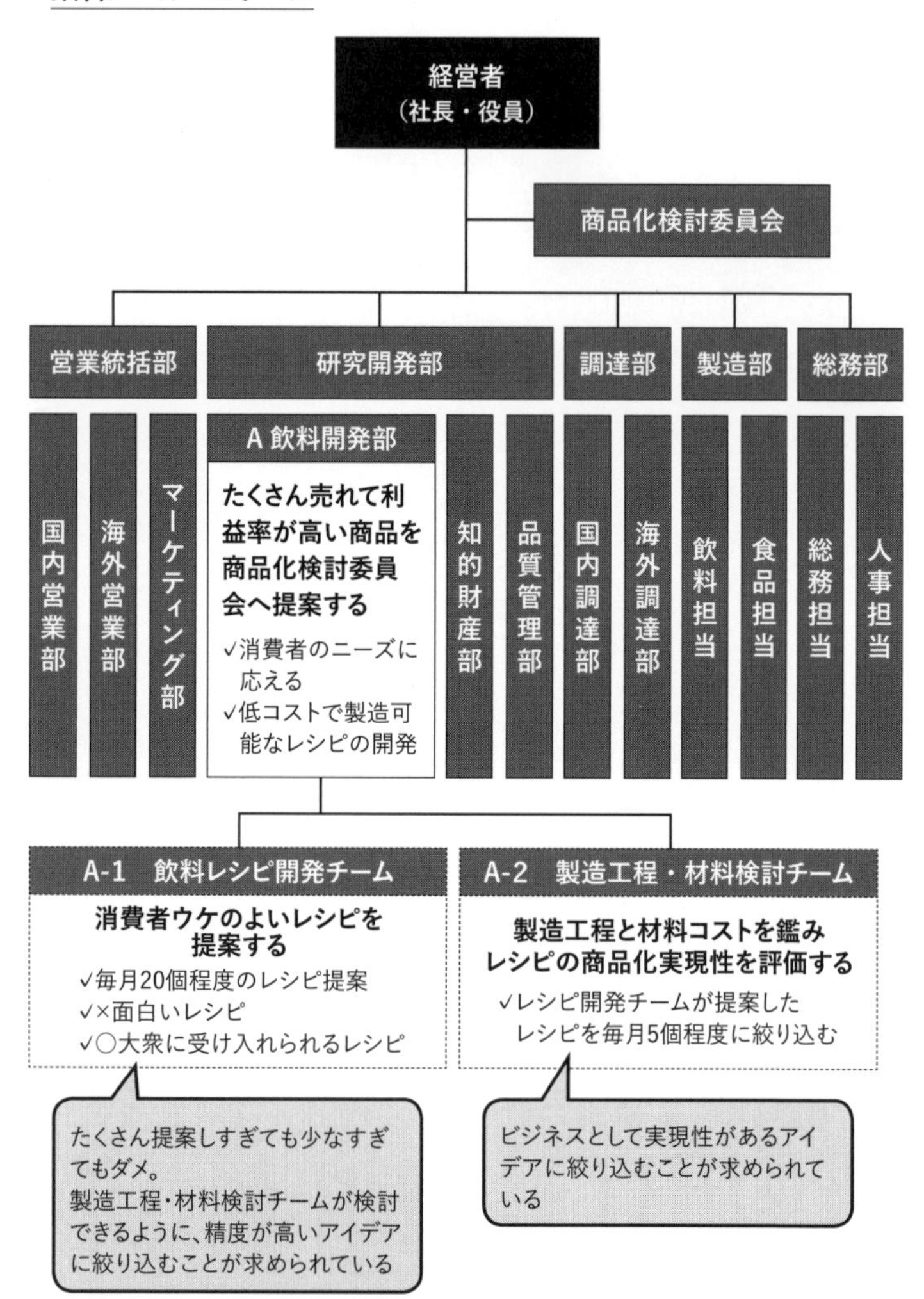

（ステップ2）　チームの担う責務や目標の実現に必要な機能を細分化する

次に、あなたが考えたチームの責務や達成すべき目標の実現のために、チームに必要な機能は何かを考えましょう。『A－1飲料レシピ開発チーム』では、より多く販売するために幅広い消費者層に受け入れられやすいコンセプトや味を目指すことが求められます。〝消費者ウケがよい〟商品を目指すことになります。消費者ウケのよい商品を開発するためには、消費者の嗜好（しこう）を把握する必要があります。すると、このチームが持つべき機能として、「（消費者調査を行い、消費者分析を得意とする）マーケティング部から情報を取得する機能」が重要であることに気づくことができます。消費者のウケがよいレシピを開発する際に、消費者の好み、流行に関する情報がなければ、面白いレシピのアイデアを考えても無駄になってしまいます。

また、『A－2製造工程・材料検討チーム』においても同様の考え方を用いて、このチームの責務や持つべき機能を明らかにすることができます。製造の収益性を鑑（かんが）み、商品実現性を検討することが責務であるこのチームにおいては、製造部や調達部と密にコミュニケーションを取る機能や、収益性を数値化し説明できるようにする機能が求められることに気づくことができます。また、このチームでは『A－1飲料レシピ開発チーム』へ結果と理由を伝え、次回に活かしてもらうことも重要な機能であると考えられます。

チームに必要な機能を考える

A-1　飲料レシピ開発チーム

消費者ウケのよいレシピを提案する

✓毎月20個程度のレシピ提案
✓×面白いレシピ
✓○大衆に受け入れられるレシピ

機能 1
マーケティング部から情報を取得する機能（消費者感覚や流行情報を学ぶ）

機能 2
開発に着手する前にレシピのジャンルやコンセプトを決める機能

機能 3
想定される製造方法と材料を、「製造工程・材料検討チーム」へ説明する機能

機能 4
レシピのアピールポイントを考え、研究開発部部内会議で説明する機能

⋮

A-2　製造工程・材料検討チーム

製造工程と材料コストを鑑みレシピの商品化実現性を評価する

✓レシピ開発チームが提案したレシピを毎月5個程度に絞り込む

機能 1
製造部とコミュニケーションし、製造工程を設計する機能

機能 2
調達部とコミュニケーションし、材料コストを計算する機能

機能 3
製造工程と材料コストから総コストを計算し収益性を説明する機能

機能 4
レシピを絞り込んだ理由を飲料レシピ開発チームへフィードバックする機能

⋮

（ステップ3） チームに必要な各機能にメンバーを当てはめる

ここまででチームの責務の遂行のために必要な各機能をリストアップしました。最後に、各機能をチームメンバーが漏れなく担当しているかどうかを確認します（万が一、必要な機能があるにもかかわらず担当者がいないことが判明した場合には、チームが活動するうえでのボトルネックとなるため、このステップは特に丁寧に行う必要があります）。

既存のチームで各機能を担っている人間が誰かということを、丁寧に考えましょう。ここで、担当者がいないことを発見した場合には、直ちに新しくチームメンバーの誰かに新しい機能（仕事）も担当してもらえるよう、チーム内の業務分担を変更する必要があります。

プロリーダーはこのようなステップを踏み、リーダー自らが、**「本当にチームに必要な機能は何か、その機能を担う人がいるのか」を常に意識しています。チームを取り巻く環境が変化し、新しくチームが担うべき責務とそれに基づく機能が変化した場合には、メンバーの業務分担を即座に見直し、柔軟にチーム内のメンバーの担当業務の変更を行うのです。**

一方で、アマチュアリーダーは、チームが本来担っている責務や達成すべき目標のために必要なチームの機能を考えることはせず、既存のチームの業務分担に満足してしまっています。

Column

プロリーダーが営業利益への貢献にこだわるのは、「営業利益増加へ貢献するか否か」が最も明瞭な意思決定の判断軸になるから

会社が営利目的の組織である以上は、会社の従業員は株主やオーナーに対して利益を提供しなければなりません。株主やオーナーが最も期待して喜ぶ成果は、営業利益への貢献（売上増加・費用削減）です。部長・課長・チームリーダーなどの会社のリーダーたちは営業利益へ貢献することが最も大事な使命なのです。

受注できない顧客への訪問や、トラブル対応業務への注力は成果を生まない

従来の日本の会社のリーダーたちは成果につながらない業務に時間を費やしてきました。また、社内の人間関係を重視し、時には成果が見えない社内調整に時間をかけてきました。

例えば、従来の営業部の部長であれば、すぐには成果が期待できない顧客の獲得に向けてかなり多くの時間を使ってきたかもしれません。顧客への訪問数を足で稼ぐことばかりに注力してしまい、受注金額の合計ではなく、新規潜在顧客への訪問数でチームメンバーを評価していたかもしれません。

また、従来の調達部のリーダーは、トラブルのない円滑な取引を既存の取引先と行うことばかりに注力してしまい、外部委託すれば済むような細かい問題発生時のトラブル対応に時間を費やしてしまっていたかもしれません。本来であれば、コスト削減に向けて既存の調達コストを下げるための仕事を行うことが大事であるはずですが、そのような調達先へ価格交渉を持ちかけたり、調達先の変更を検討したりということは行ってこなかったかもしれません。

これらのリーダーたちは利益に貢献する成果を出しているとは言い難いといえます。もし、このような従来型のリーダーに今月の成果を尋ねても、「今月は100社訪問してきました!」とか「こんな輸送上のトラブルが起きましたが解決しました!」という答えが返ってくることでしょう。営業利益の貢献になるような、売上増加・費用削減に直接つながる成果を説明することはできないはずです。ましてや、自分が生み出した成果を数値を用いて説明することはできないでしょう。従来型のリーダーたちは、自分たちの仕事が営業利益に貢献するかを重要視しておらず、ましてや、自分たちがどの程度営業利益に貢献したのかを数値を用いて説明することはしてきませんでした。
会社の営業利益増加へつながる活動を行っていないのならば、これらの従来の日本のリーダーやそのチームは、利益に貢献する成果をあげていないということになります。

Point!

従来の日本のリーダー論にとらわれない新しいリーダーは、常に会社のために営業利益の増加に貢献できるチーム活動を行うべき

しかし、プロリーダーは違います。自分や自分のチームが、仕事をするか否かは、その仕事が営業利益に貢献するかどうかで判断します。日々のあらゆる業務上の判断も営業利益に貢献するか否かで決定します。
自ら生み出した営業利益に貢献する成果をアピールすることで、社内での自身の評価を高めて生き残っていくのです。

第3章

逆転の発想ができればチームを加速させられる

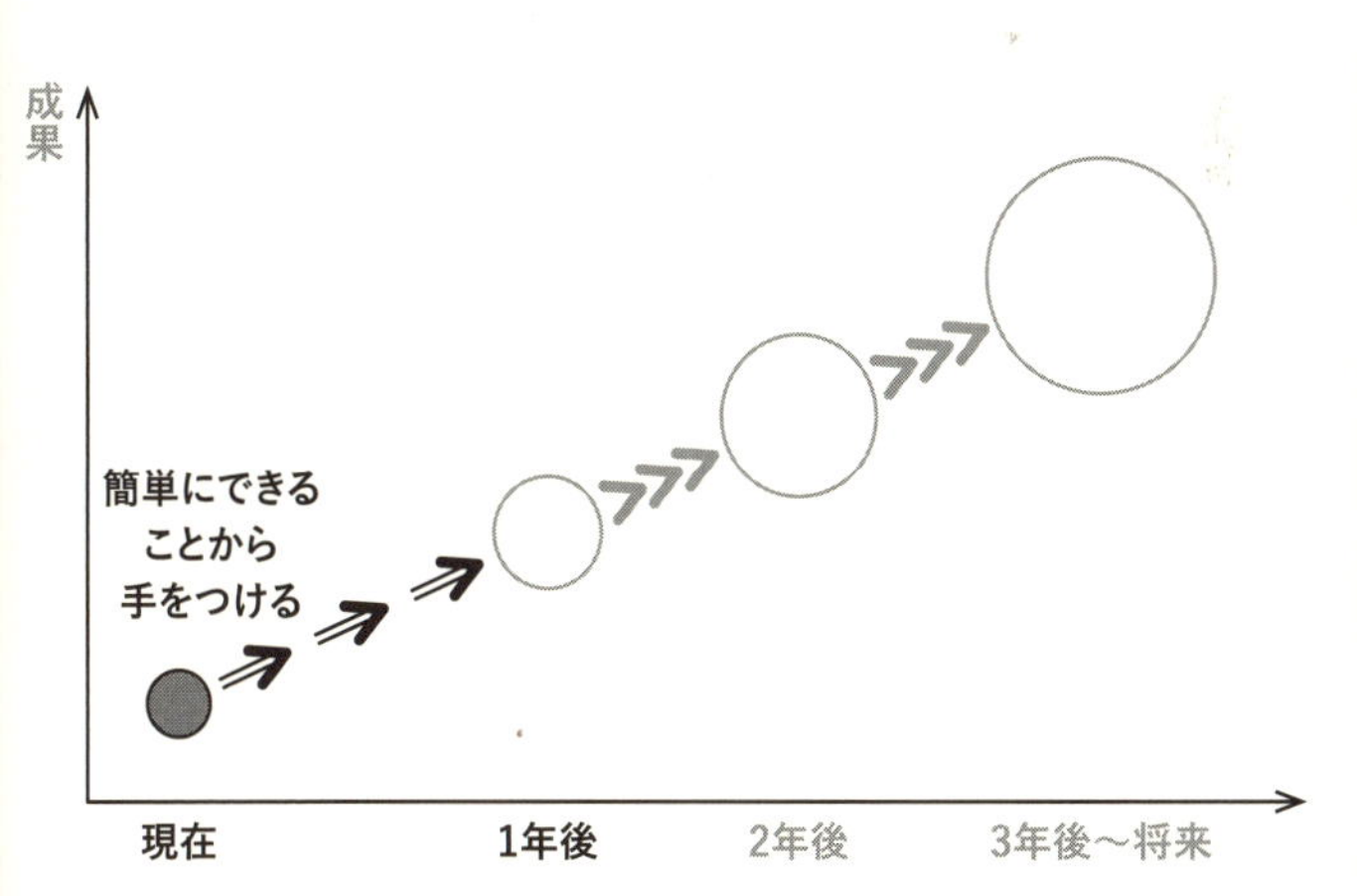

問題

あなたがリーダーを務めるチームはいくつも課題を抱えています。あなたは、それらの課題を全部解決したいと考えています。課題解決に向けた多数の施策案がある中で、チームで取り組むべき施策の優先順位を考える場面を想定してください。

リーダーであるあなたはどちらの考え方を重視すべきでしょうか

一、重要なもの＝優先度を高めて着手しなければならないもの
二、重要なもの＝じっくり考えなければならないもの

本来であれば、どちらも正解です。リーダーにとって重要なものをきっちり達成することにつながるこれらの考え方はとても大切で、リーダーが持つべき考え方です。しかし、それは長年ともに働き、メンバー間で強固な信頼関係ができているチームに当てはまる考え方です。**プロリーダーは、結成当初のチームにおいてはこれら2つの考え方はチームメンバーのモチベーションを引き下げ、大失敗につながると知っており、このような考え方を意図的に避けるようにします。**

真実③

アマチュアリーダーは、
難しいことから手をつける
プロリーダーは、
簡単にできることから手をつける

小さな成功と大きな成功を織り交ぜる

あなたの日々の仕事を思い出してください。

どちらのほうがより、モチベーション高く楽しく働くことができますか。

一、少しずつだが確実に成果が出ている。成果は小さいが、何度も褒(ほ)められる

二、課題の難易度が高いため、一向に成果が出ていない。成果は大きいはずだが、まだまだ、成果を得られるのは数年後であり、現状を踏まえると本当に成果を出せるかもわからない

少し、恣意(しい)的な問いかけですが、多くの人がモチベーション高く楽しく仕事ができるのは、一番ではないでしょうか。多くの人は一番であればチームメンバーと楽しみながら良好な関係を築き、仕事を行うことができます。

プロリーダーは、この、二番よりも一番を好む人が多いということをうまく利用して、チームの結束を高めます。

筆者が、経営改革に携わる際に、改革を急ぐ経営者へしていたアドバイスを紹介します。私はM&A後の企業再建を専門分野の一つとしていましたので、日本の大企業が海外の会社を買収したケースや、投資ファンドが新しく会社を買収したケースに何度も立ち合ってきました。その際に、買収後に経営改革を急ぐ経営者たちに対して私が伝えていたのは「小さな成功と大きな成功を織り交ぜる」という考え方です。

新しく会社を買収したばかりの会社の再建の際に、よく議論になるのが、様々な経営改善のためのアイデアがある中で、どれから取り組むかということです。買収を実施した新親会社や買収された会社の人的なリソースも限られている中で、様々な取り組みや施策について、優先順位をつける必要がありました。

その際に、買収した新親会社の人間は「一番効果の大きな改革を行うことが重要だから、まずは最も**効果が大きい改善施策を初めに取り組んでほしい**」と主張するケースが大半でした。

しかしこのような場合、私はこの主張に対して、現場で**経営改革を主導する人間として反論し、できる限り受け入れない**ようにしていました。現時点で事業がうまく運営できずに業績が悪化している会社が、難しい取り組みを真っ先に着手してもうまくいきません。なぜなら、**インパクトが大きい重大な取り組みは、実現するまでに時間も労力もかかるから**です。大きい改革の達成には従業員のエネルギーと高いモチベーションが必要になります。しかし**すでに赤字が続き、**

モチベーションが低下している従業員にこのような負荷や労力がかかる取り組みをやらせてしまったら、従業員の不満は増大し、退職する人が増加してしまう可能性が高いのです。

経営改革を必要とする**元気がない組織において、単に、ビジョンを掲げ、達成したい目標を従業員に押し付けるだけでは、うまく改革を行うことはできず**、途中で断念せざるを得なくなってしまいます。

このように、難しく労力のかかる取り組みを断行し、従業員の不満を増大させてしまうことを避けるためには、まずは下地となる従業員のモチベーションを上げる仕掛けに取り組むことが大切です。そのため、まずは**小さな労力で完了できる取り組みを行い、成功体験を事前に積み上げておく**ことが重要となってきます。

Point!

今まで、うまくいっていなかった組織を急に改善しようとしても、その組織は耐えられない
難病を治療する時は、まずは治療に耐えられる体力づくりをし、その後本格的な治療を開始するのと同じ考え方を持つ必要がある
チームリーダーは、常にチームメンバーの状況を見極めてから

新しい課題にチャレンジする

私が、経営改革や企業再建に挑む際には、まずは小さな成功体験をつくり、そのうえで本題となる重要な取り組みができるような、順序とスケジュールを構築していました。

次に、企業の経営改革という大きな話ではなく、あなたの率いている組織やチームでどのようにこの考え方を活用していくかを説明します。

経営改革の事例3

「残業や休日出勤が増え」「海外に売り飛ばされたダメ企業」と揶揄されたリーダーが行ったこと

再び、C社の事例に戻ります。経営企画部が会社で担っている責務を整理し、必要な機能の確認と担当者の割り当てを終えたケリー氏と橋本氏ですが、ケリー氏は橋本氏に対して言葉を漏らします。

ケリー氏「C社の経営改革は、親会社である香港本社もその株主である投資家たちも注目している一大取り組みである。失敗することは許されないし、できる限り早く事業を黒字化し経営再建を達成する必要がある。まず、直近でできる限りのことは行い、黒字化へのめどをつけたいと考えている。実は、来年度中に月次業績ベースで黒字転換することを香港本社から求められている。少し負担が高まってしまうかもしれないが、協力してほしい」

橋本氏「事情はわかります。私もできる限りのことは行いたいと思っています。ただ、経営改革が開始されてから、残業や休日出勤が増え、週刊誌に海外に売り飛ばされたダメ会社であると記載され、従業員やその家族には、エドワード社長やケリーさんの**経営手腕や経営改革に対して懐疑的になっている人が増えてきています**。この点については、留意してください」

ケリー氏「忠告ありがとう。もちろん注意しよう。ところでまだ先の話ではあるが、今年は、経営再建計画の一部として、来期予算数値をまとめることが我々経営企画部にとって最も大きな仕事となるだろう。来期予算では、香港本社がC社の買収価格算定時に考慮していた事業拡大施策を具体化して進める効果を予算に織り込む必要がある。また、調達先や外注先の見直しによるコスト削減なども含める必要がある。これらの施策は、各部門長をしっかりと巻き込んで、協力を得ながら進めていく必要があるはずだ。まずは、その効果を予想し来期予算数値のドラフトをつくるわけだが、かなり大変な仕事となるはずだから、部内全員で協力してやっていきたいと思っている。これまでのように、井戸さん一人に任せるわけにはいかない」

橋本氏「たしかに、親会社である香港本社の意向も反映し、さらにそれを部門長にも納得させて各部門の予算に織り込んでもらうというのは、かなり骨の折れる作業だと思います。井戸さん一人に任せるのはいかがなものかということもよくわかります。ただ、問題があります。これまでの経営企画部はずっと分業スタイルで業務をやってきました。一つの目標にチーム一丸となって取り組むというのはあまりやったことがないのです。**個人の分業が進んでいます。**一つのチームとなって皆で協力し、失敗も成功も個人の功績ではなくチーム皆の功績と考えるという文化ではありません。今回、皆で協力といってもうまくできるか不安です。

これまでは、各個人が昔から担ってきた業務を、個人がきちんと完了させることを重視してきました。そのため、経営企画部として何か新しい業務に取り組むこともなく、**各個人が知っているやり慣れた業務を、日々こなしていくという働きをしていました。それでも、会社運営はできていたので、問題ないと思っていました」**

ケリー氏「やはりそうだったか。そのような考え方は、私のチームとしては直していきたいと思っている。**個人が自分の業務を囲い込み、日々自分の業務範囲内で同じ業務をやっているだけでは、チームとして外部環境の変化にすばやく対応することはできず、チームとして高い成果をあげることは不可能**である。今後は、チームメンバーの能力もうまく活用しつつ、チーム一丸となって、経営改革に有機的に取り組んでいくチーム文化にしたい」

橋本氏「たしかに、おっしゃるとおりだと思います」

ケリー氏「経営改革を実現させるためにも、私が経営企画部の体制そのものを改革していこう。私という一人のリーダーの下で、一つの有機的に活動できるチームとして構成し直していきたい。これまで、個人ごとに業務が分断され、業務を互いに交換したりサポートしたりという文化がなかったことはわかった。今後は、そうではなく、**重要事項発生時やトラブルが発生した際には皆で補完し合うことができる、一体感がある一つのチームとしての文化をつくるようにしよう**」

ケリー氏は、チーム全員が協力し合って仕事に取り組めるようなチームを目指していました。このようにチームが力を合わせることで、まずは目下の重要課題である来期予算数値の作成を乗り越えることができると考えていました。

ケリー氏「ところで来期予算数値作成も重要だが、他にも今期、力を入れてやらなければならないものがある。買収されたばかりのC社においてはやるべきことは山積だ。どのように着手していくか、考えてみよう」

そこで、まずは経営企画部の今年度の仕事を、ケリー氏と橋本氏の2人でリストアップすることにしました。多数の項目があるため、AとBに区別して書き出しました。

A：重要度が高く、難しい取り組み

・5カ年計画の作成
・来期予算数値の作成
・KPIの再設計と賞与制度の見直し

B：重要度が低い、または、簡単な取り組み

・香港親会社とのシナジー事業開始
・取引先を招いた商談イベントの実施
・会社案内資料の作成
・香港親会社の商品も掲載したパンフレットの再作成
・決裁権限規程の見直し
・人員再配置計画素案作成、人事部との再配置の合意

これらについて、まず何から着手するかについて2人の意見が分かれました。

橋本氏「5カ年計画作成、来期予算数値作成、ＫＰＩ再設計はとても大変なことであるのは、

ケリーさんもご認識されているとおりです。業績への影響度は大きく、重要性も高いものであると思います」

ケリー氏「そうだな。これらをどのような順序で着手しようか」

橋本氏「Aに区分した活動は、わが社の営業利益改善にもたらす効果は絶大だと私は信じています。だからこそ、私はこれらを早めに着手し少しずつでもいいから進めていきたいと考えます。万が一、これらが遅延し、今年度末までにできないと香港本社の意向にも応えられないことになり、大変なことになるはずです。まずは、これら重要なものから着手し、余力の範囲で、その他の項目を行いたいと思います」

ケリー氏「Aは完成までは大変な道のりだが、重要度が高いというのは同意だ。橋本さんが、これらの項目の重要性と効果に期待してくださっているのはとてもうれしく心強い。しかしそうであれば、私は、**Aは今すぐに着手しないほうがよい**と思っている。これらは、**実行難易度が高く、成果が見えるまでに時間がかかる事項だと思う。初めからこれらに着手してしまっては、頑張ってもなかなか成果が見えないという事態になり、経営企画部のメンバーやその他従業員の士気も下がってしまう**と思う」

橋本氏「ケリーさんがおっしゃっていることに、どうにも納得できません。重要ならば優先して着手すべきでしょう。これらが重要なものであるという認識をケリーさんもお持ちならば、時間をかけてじっくりやるべきだと思いますし、今すぐに着手したほうがよいと思います」

ケリー氏「重要なものであるということ、だからこそ、時間をかけて今から着手しなければならないというのは、もちろん大切な考え方だと思う。ただし、私と経営企画部のメンバーは共に仕事をしたこともなく、お互いの信頼関係が十分に構築されてはいないと思う。このような場合には、まずは簡単に成功できることから取り組んでいきたい。まずはチームメンバーと信頼関係を築かなければならない」

橋本氏「それはそうですね、でも、信頼関係をつくることが目的ならば、終業後にメンバーと飲みに行けばよいのではないですか。我々は今までそうやってきました」

ケリー氏「橋本さんは本当に飲み会で信頼関係が構築できると思っているのか。仕事でチームを動かす際に、**部下が本当に信用してくれる上司は、仕事で部下と共に成果を出している人間**だと私は考えている。飲み会文化を否定するわけではないが、**共に仕事をして成功体験を持つほう**

が飲み会よりもはるかに強烈な信頼関係を築くことができると考えている。だから、欧米の企業ではあまり部下と飲み会に行く必要がないのだ。欧米の企業では皆早く帰って家族との時間を大切にするんだよ」

このような会話のあと、結局は、「B：重要度が低い、または、簡単な取り組み」を先に着手し、その後徐々に「A：重要度が高く、難しい取り組み」に取り組むことになりました。

プロリーダーの思考術3

プロリーダーは、大きな成果よりも小さな成功体験をつくることにまずは力を注ぐ

私は上場企業の経営改革に関与してきましたが、これらの大企業のアマチュアリーダーたちは**「いずれ、取り組まなければならない重要な仕事があるのであれば、まずはそれに時間をかけて取り組むべき」という考え方を持っていました。しかしこれは成果を追求するチームにおいては間違った考え方です**。「重要なもの＝優先度を高めて着手しなければならない」という考えと、「重要なもの＝じっくり考えなければならない」という2つの既成概念を持っていました。私が、業績不振が続く大企業で出会った、うまく成果を出せないチームは、チームメンバーの実力がないわけではありませんでした。

Point!

強固な信頼関係のあるチームでない限り、
目の前の難しい課題を乗り越えようとすると、
逆に何も成果が出ないまま時間だけが過ぎてしまう

目の前の難しい課題を乗り越えようとしており、糸口を見出せず、ずるずると時間をかけてしまうことで、結果的に長期間かけてもなかなか成果をあげられないという事態に陥っていました。

一方、プロリーダーは、重要な取り組みではなく難易度が低い取り組みにまずは着手します。今回、ケリー氏は、「B：重要度が低い、または、簡単な取り組み」を先に実施することにこだわりました。チームとして、一丸となって一つのことを乗り越えるという成功体験をまずはつくろうとしたからです。これまで業績不振に陥っていたC社は、経営改善に向けて様々な取り組みを行っていましたが、成果はあげられず、会社のムードも経営企画部の士気も下がっていました。さらに、メンバーがチームで協力した経験もなく、ケリー氏とも働いたことがない状況においては、初期にチームメンバーとの成功体験をつくることが最も近道であると考えたのです。

プロリーダーが着任早々にチームメンバーから信頼を勝ち取ろうと考える時、または、停滞気

チームで取り組む業務設計

プロリーダーの思考	アマチュアリーダーの思考
簡単な取り組みで成功体験があるから初期に強いチームができている	初めから難しい取り組みに挑み、チームビルディングができる前に作業を開始
➡難しい取り組みも時間をかけずに達成できる	➡完了までに時間がかかり、トータルで達成できる取り組み数も少なくなる
	難しいことを理由に長めにスケジュールを設計する
	➡進捗遅延に気づきにくく、ずるずると後ろ倒ししてしまう

<イメージ>

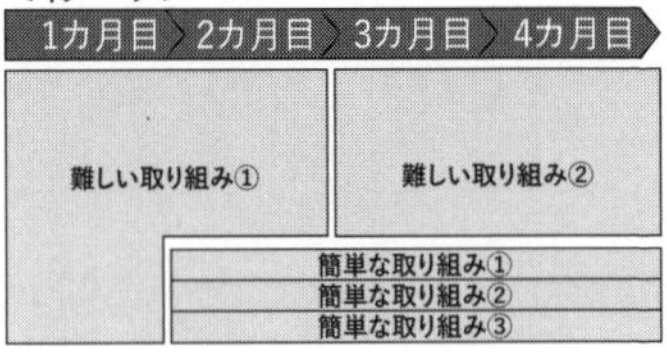

1カ月目 / 2カ月目 / 3カ月目 / 4カ月目

簡単な取り組み①　簡単な取り組み②　簡単な取り組み③（1カ月目）
簡単な取り組み④　簡単な取り組み⑤（2カ月目）
難しい取り組み①（3カ月目）
難しい取り組み②（4カ月目）

✓期限を短く区切り、順番に取り組む

<イメージ>

1カ月目 / 2カ月目 / 3カ月目 / 4カ月目

難しい取り組み①
難しい取り組み②
簡単な取り組み①
簡単な取り組み②
簡単な取り組み③

✓難しい取り組みなのだから「時間をかけるべき」と考え、長めのスケジュール設計をする
✓様々な取り組みを同時並行で長めに設計する

味の組織を向上に転じさせようとする時、小さな成功体験をチーム活動の初期に埋め込む仕掛けを設定します。その小さな成功体験はチームメンバーのモチベーションを高め、その後のチームの活動スピードを加速させることができるのです。

明日からの実践3

小さな成功体験の仕掛けは、期日を短く区切り数字で達成する

ここまでの学びをあなたのチームで活用する方法を考えましょう。あなたが、リーダーとして小さな成功体験の仕掛けをチームの活動スケジュールに埋め込もうとした場合、どのような考え方で設定するのが最も効果的でしょうか。小さな成功体験を検討する際に考えるべきステップは2つです。

（ステップ1） やるべきことをすべてリストアップ

まず、チームが今年取り組むべきことをすべてリストアップします。もし、解決したい課題や問題がある場合には、それらの〝問題〟ではなく、それらを解決するために〝必要な取り組み〟が何かを考え、リストアップをします。リストアップした各項目について、「A：重要度が高く、難しい取り組み」とそうではない取り組みに区分します。ここでは、全社からの注目度が高

い事項や、完了しなければチームの目標が達成できそうもない取り組みなど、特に重要で実施難易度が高いと思われるものをAとします。その他のAに該当しない取り組みは、「B：重要度が低い、または、簡単な取り組み」と名付けます。

（ステップ2）　小さな成功体験に適した取り組みを前倒しして実施

次に、今年中にチームとして取り組むべき「順序とスケジュール」を検討します。まずは、Bの中から小さな成功体験に適した取り組みをなるべく直近に行うようにします。

特に、小さな成功体験の仕掛けとしてBの取り組みをスケジュール設定する際に考えるべきポイントは2つあります。

ポイント①　小さな成功体験には、達成したことを数値で表現できる取り組みが最適

小さな成功体験を意図した取り組みとしては、数字で成果が見える活動が最適です。例えば、営業部であれば、これまでアプローチできていなかった顧客層を新たに獲得し売上を上げることなどが考えられます。研究開発部であれば、事前に決めた期間でこれまで未着手の分野で研究成果をあげることなどがあります。このような取り組みがあればなるべく直近に取り組むようにスケジュール設定をします。

ポイント②　小さな成功体験には、期日内に成果をあげたと演出できる取り組みが最適

小さな成功体験を意図して取り組みをスケジュール設定する際には、期日を短く切ることが重要です。Ｂの取り組みとしてリストアップされた項目についてさらに期日と取り組み内容を分割し、設定するとよいでしょう。完了までに時間がかかるような大きな取り組みを期日が短い取り組みに分割し、ステップバイステップで達成していくことで、期日内に成果を出せたという成功体験の演出につなげることができます。

ここでの注意点です。小さな成功体験の仕掛けを検討する際には、特に外的要因の影響を受けやすかったり、交渉相手が存在するような取り組みは避けるのが無難です。このような取り組みは、期日を分割するのには適しません。チームメンバーが頑張っても解決できない外的要因で、遅延が発生してしまう可能性が高く、小さな成功体験をつくるにはあまり適していないのです。

この注意点を踏まえ、Ｂの取り組みの中から、指定した期日内で必ず完了できるもの、すなわち外的要因の影響が少なくチームメンバーが一丸となって頑張ればなんとか完了できるものを、小さな成功体験として用意することが重要なのです。

Essence

チームで大きな課題に取り組む前に、チームメンバー皆で小さな成功体験を共有することが大切

小さな成功体験は、短い期間にマイルストンを区切ることができ、成功を数字で実感できる取り組みが適している

Column

外資系コンサルタントが大企業の経営改革時に、絶対にやること

筆者はこれまで、BtoB企業、BtoC企業、グローバルコングロマリット、国内オーナー系企業、機械メーカー、食品メーカー、アパレルチェーン、飲食チェーンなど、多様な産業の経営改革や企業再建に携わってきました。新しく企業の経営改革や企業再建に着手する際、必ず私が取り組むことを紹介します。なお、この方法は私が外資系コンサルティング会社に勤務していた時に学んだ方法です。

大掛かりな経営改革や企業再建に着手する場合、まずは100日間を一つの目安とします。従業員の集中力や、全社レベルで改善計画を立案し関係者と合意形成するのに、ちょうどよいのが100日間なのです。この短い期間で、その企業がなぜ赤字なのかを分析し、どこを改善すればよいのか改善計画を作成、既存の経営陣と方針合意をしたあとにアクションプランを作成して、各部門長へ説明し賛同を得ます。そして、一部実行に着手することまでをこの100日間で行い

ます。つまり、大企業の経営方針を100日間というきわめて短い期間で集中的に検討することになります。そのため、まずは初期の1週間程度で、その企業の全貌を把握し、どの分野を重点的に改善していくのか再建ポイントの絞り込みが重要になります。

企業の全容を把握し、優先的に着手すべき改善余地を発見するために、バリューチェーンを使って考えることを意識していました。対象となる会社がメーカーであれば、「商品企画↓材料選定↓製品設計↓調達先選定・購入↓輸送↓材料保管↓工場製造↓商品販売先への営業↓完成品輸送↓店頭配架↓店頭販促↓アフターサービス」といったように、商品企画からアフターサービスまでの一連の流れをまずは明らかにしていました。その後、「各段階において、会社としてどのような機能が必要で、どの部署が遂行しているのか」、私自身の経験を踏まえてイメージをしていました。さらに、各段階で発生している費用を把握し、どの段階なら費用削減ができそうか、予想するのです。すると、企業全体のバリューチェーン上のどの機能を改善する必要があり、どの部分の経費削減活動を行うべきなのか、経営改革のヒントが見えてくるのです。

この方法は、会社全体の経営改革を推進する立場となった際に活かせる方法です。会社の経営改革を行う際の初期診断として、どこに力を入れて経営改革をするか、あたりをつける際などに利用することができる考え方です。

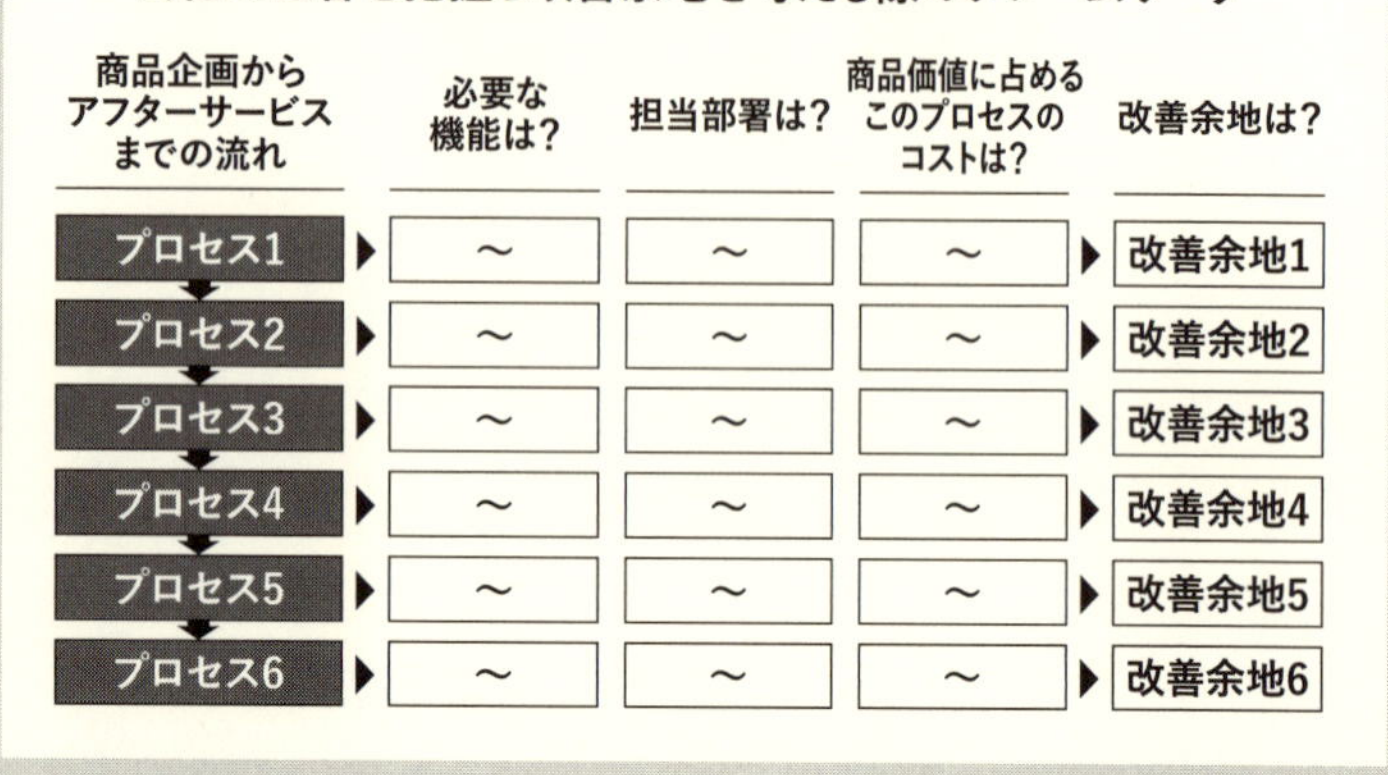

なお、一つ重要なポイントを説明します。**知見と想像力を使って、改善すべき最もぜい弱な部分のあたりをつけるということ**です。会社の業績は日々変化し急速に悪化することもあります。そのため、短時間であたりをつけるために、自身の経験値を踏まえて経営改革の対象となる会社がどのような会社なのか、自分自身の中で世界観をつくる（≒仮説を持つ）ことが重要になるのです。経営改革を検討する前に会社全体を隅々まで調べることはきわめて難しいことです。会社のあらゆる業務や財務状況を分析するのは現実的ではありません。

プロ経営者、プロリーダー、外資系コンサルタントは、少ない情報で、対象となる会社がどのような状況なのかという世界観を自身の中ですばやく構築し、経営改革すべき点をすばやく見つけ出すスキルを持っているのです。

第4章

やる気を引き出す予算数値の作成方法とは？

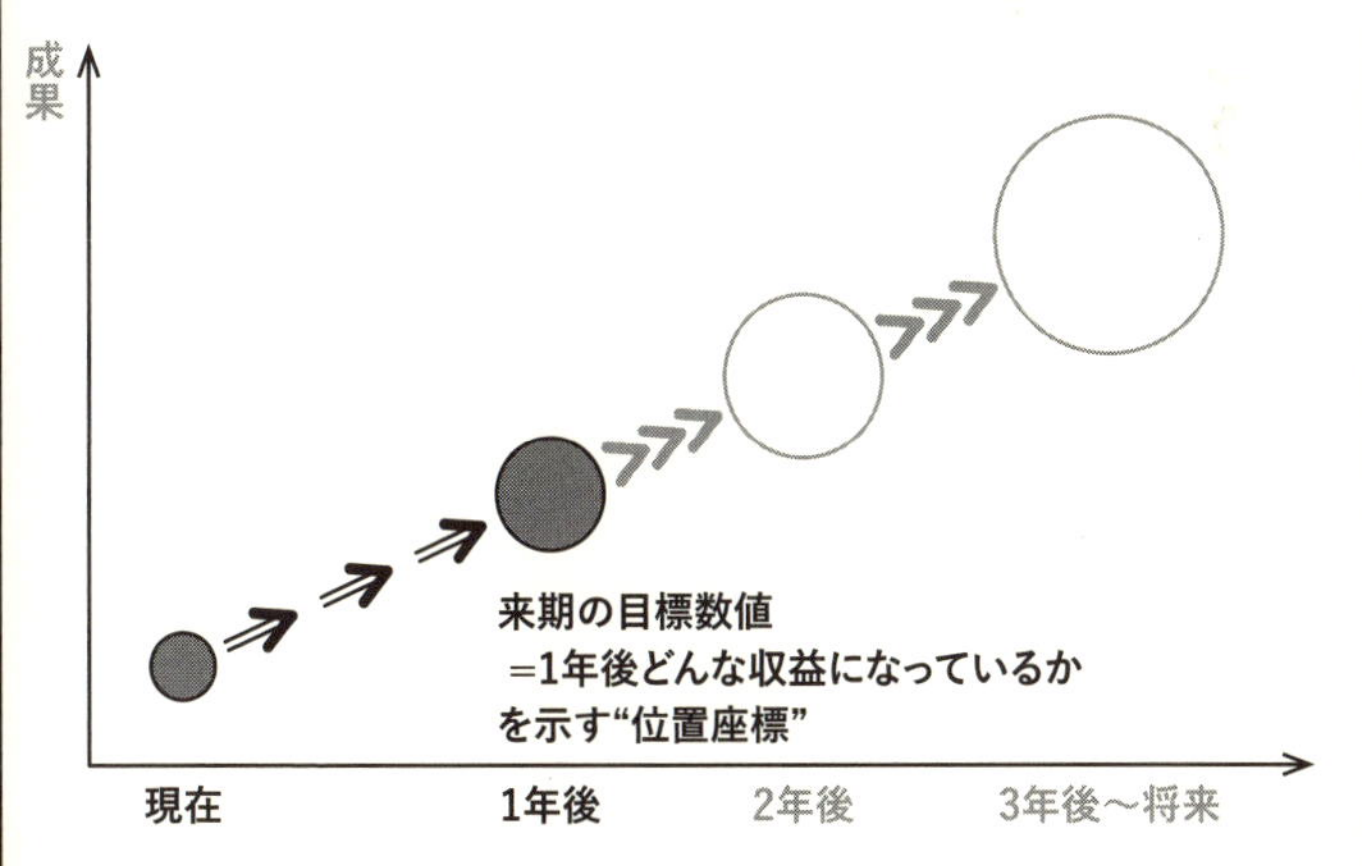

問題

よく見るシーンです。来期予算数値作成手順として、これは正しいやり方でしょうか
まずは、社長が来期予算数値を作成し、それを各部門長に分割する

正しくありません。トップが一方的に来期予算数値を用意すると「いつものとおり、現実から離れた高い目標が与えられて、実際には自分は頑張ってもどうせ達成することはできないから、予算は無視してひたすら目の前の業務に邁進しよう」というマインドを従業員に醸成（じょうせい）してしまうだけです。

チームが達成すべき来期予算数値を設定する時、日本の多くのアマチュアリーダーは、先にリーダーが独自に作成し、その後チームメンバーに提示します。しかし、海外のプロリーダーはそうではありません。チームメンバーに自身の業務に係る来期予算数値や目標数値を個別に申告させ、それを足し合わせてチームが達成すべき予算数値を決定します。**リーダーが実現の難しそうな高い目標数値を勝手に定めて、メンバーに達成要求することは、海外のプロリーダーが率いるチームでは起きません。**

第4章では、チームの目標数値を決定する際のプロセスを説明します。

真実④

来期予算数値の作成は、
アマチュアリーダーは、
自ら初期案を作成する
プロリーダーは、
最初にチームメンバーに作成させる

経営改革の事例4

来期予算数値作成プロセスにダメ出しをされ困惑

再び、C社の事例に戻ります。C社が香港企業に買収されてから6カ月がたち、9月になりました。この間に、ケリー氏と橋本氏は他の経営企画部メンバーと力を合わせて小さな成功体験として盛り込んだ活動に、一定の成果を出してきました。香港本社は決算期が12月であり、そのグループ会社は9月から予算作成を開始します。ケリー氏はC社でもそろそろ準備のために動き出す必要があると考えていました。

ケリー氏「なぜこれまで井戸さんが一人で全社の来期予算をつくることができたのだろうか。**来期予算は各部門長の様々な意見を反映してつくるべきだ。各部門長とのコミュニケーションだけでもかなりの工数がかかるはずだ**。例えば営業部長からは、売上高上昇の実現性を聞く必要がある。研究開発部長からはいくつの新しい商品を、今年投入する予定かも聞かなければならない。研究開発部に数年先の研究ロードマップも踏まえて、来期研究開発予算を算定してもらう必

Month 6

要がある。人事部とは売上高拡大に基づいて来年度の新規採用数も調整し、人件費に織り込む必要がある。これまでこのような各部門との調整は誰がやっていたのだろうか」

橋本氏「これまで、そのように複雑なプロセスで来期予算数値をつくったことはありません。わが社では、社長と経営企画部が1カ月で決めてしまいます」

ケリー氏「それでは現場の従業員が感じている成長余地や障壁を考慮できず、**実際に仕事を行うメンバーの感覚とトップが決めた数値に大きな差が出てきてしまう**ではないか」

橋本氏「プロセスが簡単すぎると言われればそうかもしれません。でも、このやり方は手間がかかりません。そもそも、来期予算数値の準備に時間をかけても意味がないではないですか。その目標を達成できるかどうかはその時の状況次第です。わざわざボトムアップで各部門長やメンバーの意見を反映して予算数値をつくっても手間がかかるだけです。わが社では、毎年、大幅に目標未達になっていますので、予算数値作成に時間をかけても意味がないのです」

ケリー氏「ならば、これまでC社では絶対に達成できない予算数値をつくっていたということか。これが、そもそもC社がずっと赤字続きだった一つの要因だろう。目標そのものが形骸化しているではないか。まずは、海外の会社がやっているスタンダードなやり方で、来期予算数値をつくってみよう」

数日後、ケリー氏は経営企画部全員を集め、ミーティングを行います。

ケリー氏「今回の来期予算作成は、香港の親会社グループ傘下に入って初めての予算作成となるため、大変なチャレンジだろうが、チーム一丸となって乗り越えていきたい。皆、グローバルスタンダードの来期予算の作成の仕方については不慣れだろうからここに作成のポリシーをまとめさせてもらった。これをバイブルとして作成作業に取り組んでほしい」

ケリー氏はこのように説明し、紙1枚の資料を経営企画部のメンバーに手渡しました。

ケリー氏は、各部門や現場従業員の考え方と活動予定を予算数値に反映したいと考えていたのです。各部門が現場の状況を反映して自身で作成した来期予算数値に責任感を持ち、達成をコミットさせることを狙っていました。「各部門長やそのチームメンバーが、自身の考えと責任において来期予算をつくり、その達成をコミットする」という状況をつくろうとしていました。

来期予算数値作成のポリシー

〈C社の来期予算数値作成方針〉

- 社長、全部門長が達成をコミットできる内容とする
- 各部門長に予算数値を作成させ、提出させる。各部門の数値を統合し全社予算数値とし、全部門長には予算達成を強く求め、各部門長の人事評価にも連動させる
- 社長と各部門長が議論をする時間を十分に設定し、会社の方針と各部門の方針に齟齬がない予算数値を各部門長が提出するように事前に誘導しておく

〈経営企画部から、各部門長へ来期予算数値の作成協力を依頼する際の注意事項〉

- 各部門が予定している部門活動について、営業利益へ影響を及ぼすものは、すべて来期予算数値に織り込む
- 今期よりも高い営業利益を達成する予算数値とすること。ただし、提出した予算数値は、達成が見込める数値とすること
- 各部門長は、自身のチームメンバーと話し合いを持ち、メンバーが予算数値を受け入れられるように取り計らうこと。その際に各部門長は、各チームメンバーが個人レベルで、達成をコミットしている状態をつくること

（経営企画部内限り）

プロリーダーの思考術4

「チームメンバーが、目標を自分の意思で作成し、達成責任も負った」と感じる仕掛けをつくる

今回のC社の事例は、全社の来期予算数値をどのように作成するか、そのために各部門長をどのように関与させ、達成をコミットさせるかという話でした。この考え方は、あなたが率いるチームにおいても同様に当てはめることができます。

Point!

あなたのチームの達成すべき目標や責務について、チームの各メンバーの関与を深めさせる

プロリーダーは、リーダー自身がチームの予算数値を作成し、チームメンバーに達成を押し付けることはしませんでした。第1章でプロリーダーはチームが向かう方向性を定めるために、ビジョンや目標を語ると説明しました。ビジョンや目標といった比較的抽象度が高く、方針を示す

レベルのものはプロリーダーが独自に作成すべきです。
一方でチームの来期予算数値などの具体的な数値目標を作成するケースでは、プロリーダーはチームメンバーが自ら数値目標の設定を行うよう促します。

プロリーダーはあくまで、〝予算数値は上司から与えられた目標ではなく、メンバーが自らの意思で立てた目標〟という体裁をとります。こうすることで、メンバーに目標達成に対する自覚を高めてもらうことを重要視しているのです。

このように、プロリーダーは、チームとして達成すべき成果方針を各チームメンバーへ伝え、その上で各メンバーに予算数値を提出することを求めるのです。リーダー自らが、各メンバーの目標を個別に作成し、達成を押し付けることは行いません。

各メンバーが、納得感をもって自身の予算達成に邁進するよう、プロリーダーはトップダウンで目標設定を行わず、各メンバーに予算数値を提出させることで、予算達成の責任感を各々に持たせるのです。これにより、**プロリーダーが各メンバーの細かな業務について把握しなくとも、課せられた目標やチームの目標のために、各メンバーは全力をつくすという仕組みが出来上がる**のです。

アマチュアリーダーや多くの中小企業は、来期予算作成にあたり間違った方法を行っています。初めから社長が来期予算数値を作成し、それを各部門長に分割し、さらにそれを各従業員の予算に落とし込むというプロセスを踏んでいる企業が多く存在します。

このようなやり方には大きなデメリットが伴います。従業員やチームメンバーにとって、達成が難しい目標を課される可能性が高い、という点です。来期予算数値作成のプロセスで、現場で働く従業員自身の意思を踏まえていないため、来期予算数値は初めから達成不可能な目標と従業員に思われてしまいます。冒頭でも説明しましたが、従業員の立場では「いつものとおり、現実から離れた高い目標が与えられて、実際には自分は頑張ってもどうせ達成できないから、予算は無視してひたすら目の前の業務に邁進する」というマインドが醸成されてしまいます。その結果、来期予算数値や目標は、現場メンバーの業務に結びつかず、いつまでたっても末端の現場が活力のある企業とはなりません。また、このような予算数値や目標の設定プロセスでは、実際にその年度が終わった時に、予算と実績の差分の原因をリーダーがチームメンバーに問い詰めようとしても、メンバーは「自分が作成した目標ではない」という言い訳ができてしまいます。これでは予算と実績の差分を振り返り、問題点を発見し、翌期に活かすことができません。さらに来期目標の形骸化が進んでしまいます。

だからこそ、プロリーダーは、チームメンバーが自ら目標設定を立てたと感じられる状況をプロデュースすることを徹底して行うのです。

Essence

チームメンバーが、
あたかもメンバー自身の意思で高い目標を設定し、
メンバー自身の意思で達成をコミットしたと思うように、
目標数値作成プロセスを工夫し、部下の気持ちを誘導する
後日、目標未達の理由を
「自分が作成した目標ではない」と言い訳させない

明日からの実践4

チームの来期予算数値を立てる時には、1カ月以上前から取り組む

プロリーダーは、チームの来期予算数値の土台となるチームメンバー個人の目標数値を提出させそれを集約し、チームの来期予算数値をつくります。しかし、プロリーダー自身がチームの来期予算数値に自らの意思を込めることを放棄しているわけではありません。**各メンバーが自ら目標をつくったと感じられるようなプロセスを踏むだけ**なのです。あくまで、各メンバーに目標達成に邁進してもらうために意図した仕掛けです。

ここでは、あなたがリーダーとして、チームメンバーと、目標数値を作成する際に仕掛けを活用するコツを紹介しましょう。それをふまえて119ページの手順で作成してください。

（コツ1）　チームメンバーの目標数値を積み上げる

チームの来期予算数値に結びつく目標数値を、チームメンバー自身で設定できるよう、チームのビジョンや数値コンセプトの大まかな方針を伝えましょう。チームが目指すのは営業利益への貢献（すなわち売上高向上もしくは費用削減）であるというコンセプトを伝えます。売上高を上げるという目標のメンバーもいれば、費用を下げるという目標のメンバーもいるでしょう。新しいことを考える必要はなく、これまであなたの会社やチームで使われていた売上、費用に関する取り組みを少し変えるだけで構いません。そして、来期の個人の目標数値をリーダーに提出させます。

各メンバーから提出された数値目標をリーダーが集約して、チーム全体の来期予算数値の一次案を作成します。

（コツ2） リーダーとしての意思を込める

チームリーダーとしての意思を込めます。各チームメンバー個人の目標数値を集約した、チーム全体の来期予算数値に**チームリーダーとして修正を加えます（二次案）**。次にその二次案をチームの各メンバーに再度分配していきます。**各メンバーと個別に話し合いを持ち、修正済みのチームの来期予算数値と個人の目標数値の間をとる形で調整していきます（三次案）**。

このようにチームメンバー一人ひとりと目標数値をすり合わせるには時間がかかるため、チーム全体の目標数値を作成する約1カ月前から取り組む必要があります。

チームリーダーであるあなたは、チームメンバー一人ひとりと、来期の目標数値の合意のために時間を使い、力を注ぐべきでしょう。

ただし、あなたがリーダーの権限で各メンバーの目標を強制的に修正させるのでは意味がありません。この**手間と時間がかかるがチームメンバー一人ひとりときちんと向き合い話し合うというプロセスをあえて踏むことによって、チームメンバーは自身が合意した目標数値であるという「自分事化」が進み、チームの来期予算数値を達成しようと、必死に考えて仕事を工夫して行うようになる**のです。また、このようなプロセスを踏むことで、年度終了時点で実績と予算の差分が大きいメンバーに対して、リーダーであるあなたは、目標未達の責任を厳しく問い、そのメンバーに翌期での奮起を促すことができるのです。

Essence

プロリーダーは、
メンバー一人ひとりがチームの来年度目標数値を
自分で立てたと感じられるよう、作成プロセスの手順を大切にする

メンバー一人ひとりの目標数値と
チームの予算数値を、丁寧に合致させていく

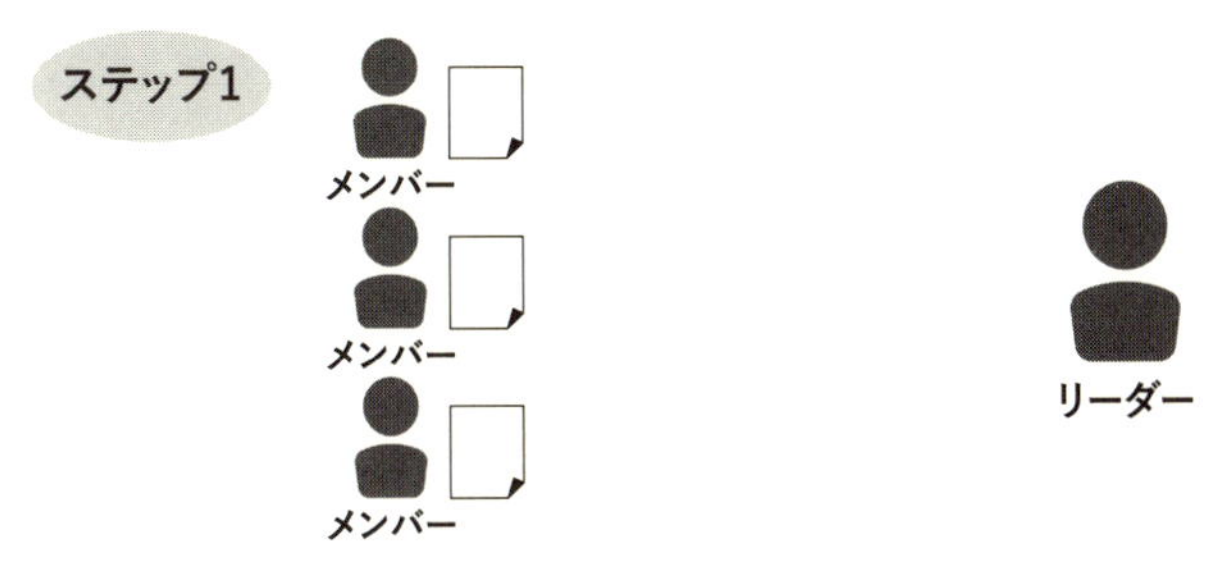

目標数値をチームメンバーに作らせる

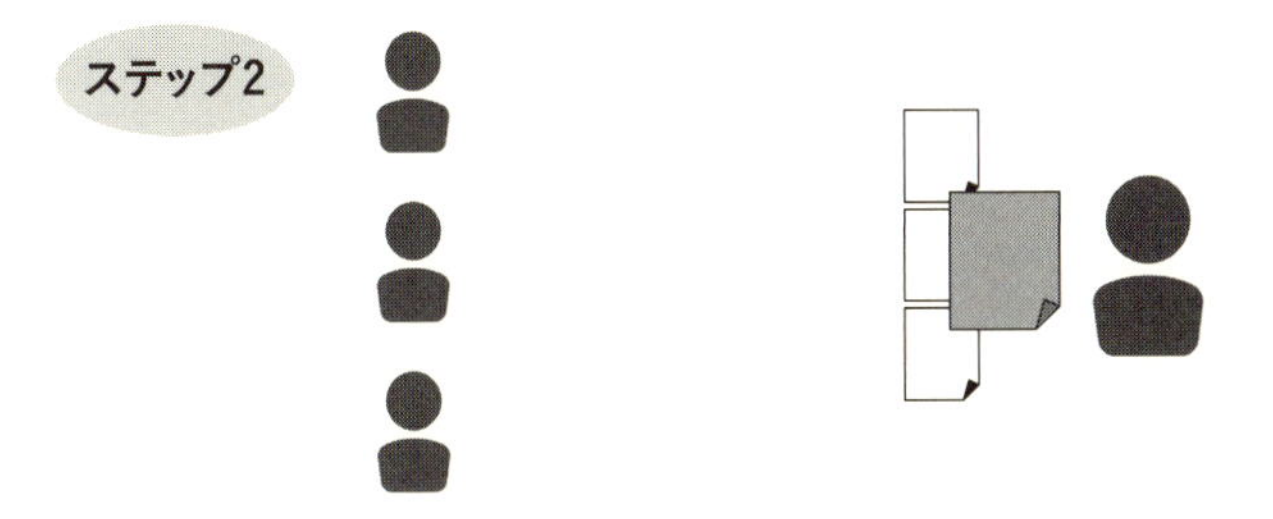

リーダーが集約し、チーム全体の来期予算数値一次案を作成
これをリーダーが自分の意思を込めて二次案に修正

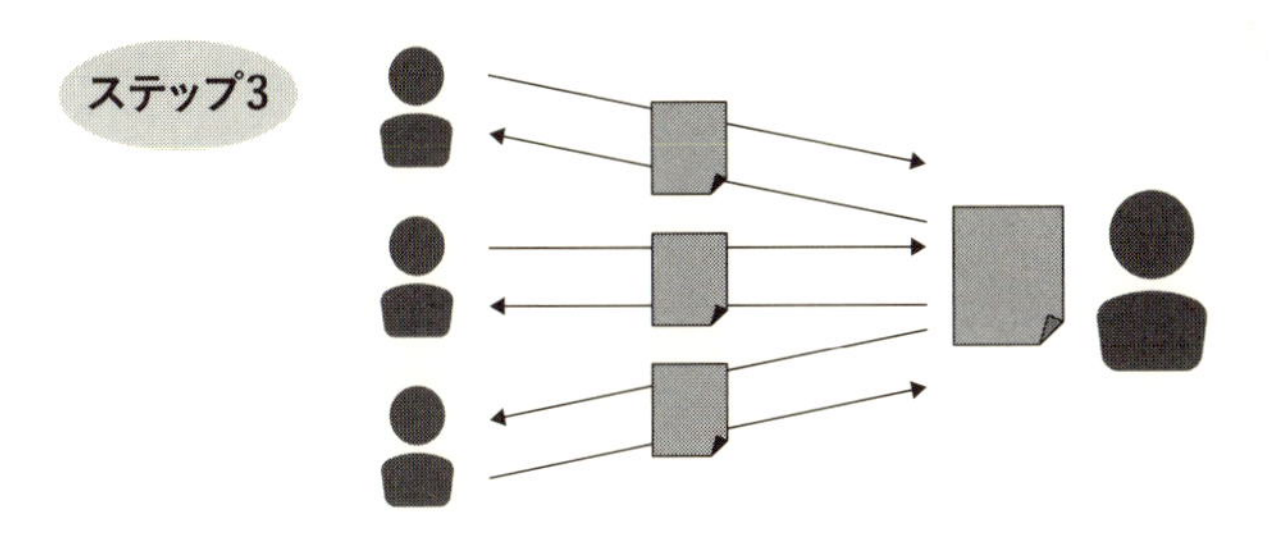

リーダーが修正したチームの来期予算数値の合意のため
各メンバーと個別に目標について丁寧に話し合い三次案に修正

第5章

自身の経験を最大化するプロリーダー術とは？

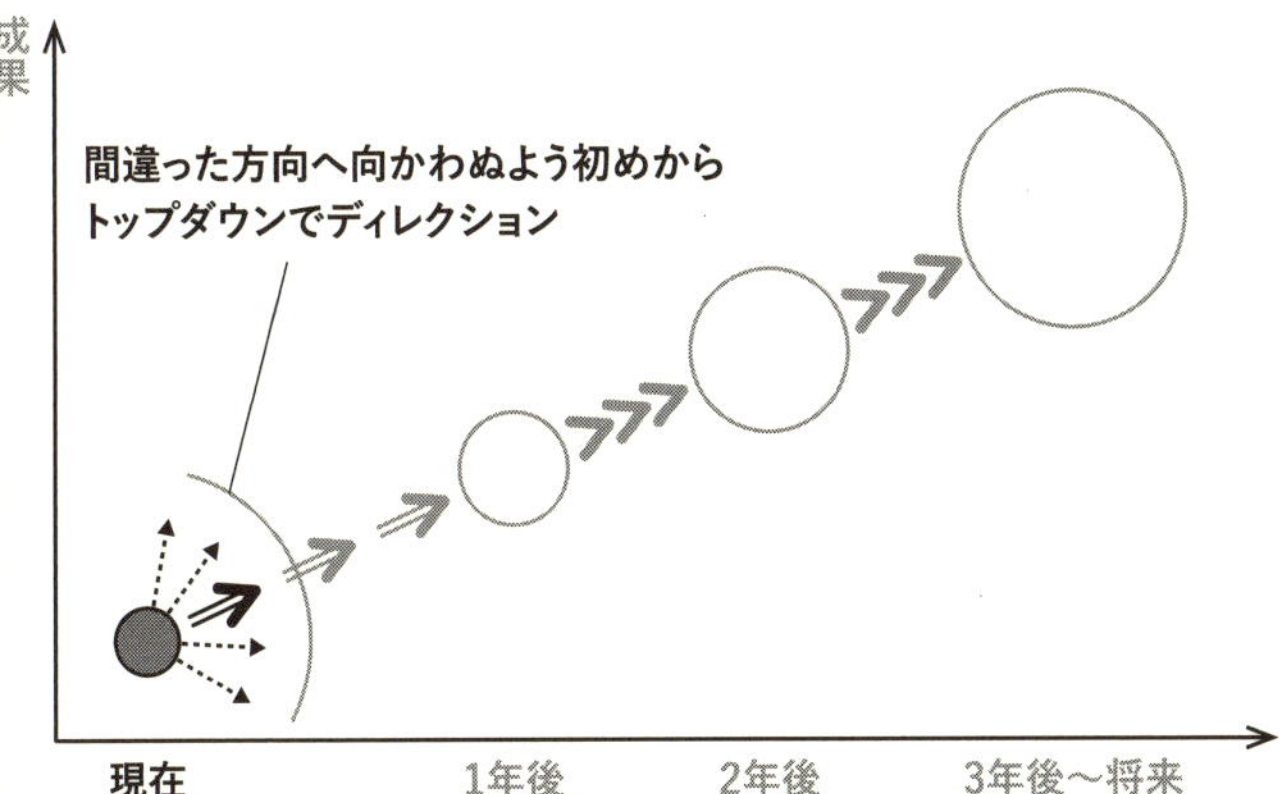

「部下を信じて任せる」を実践してもチームは力を発揮できない

「リーダーは部下が自発的に動くまで待つべき」と語られることがよくありますが、この目的は何でしょうか。おそらく、部下を成長させるためだと思われます。部下が成長し将来のリーダーとして会社を任せられる存在となるためです。

しかし、**部下の成長を待っていては時間がかかります。部下が自発的な活動をするまで待っているうちに組織は疲弊してしまう**でしょう。

このような「部下を信じて部下に任せる」という考え方は、工夫や努力をしなくとも会社が成長している余裕がある時代には活用できる方法です。経済成長を背景とした1980年代の大企業では通用していたかもしれません。しかし、競争が激しく、また、**短期で転職をしてしまう社員が増加している近年においては、部下の成長を待つことが前提となる考え方は通用しません。**

Point!

部下の成長は、リーダーが自ら道を示すことで加速させる必要がある

近年はチームとして短期間で成果を出すことが求められており、部下が成長するのを待っている時間はない

チームとして成果を出すのに重要な人物は誰か

チームの中で最も経験豊富な人間は紛れもなくチームリーダーです。チームリーダーは、「高い正確性で的確な作業を行う能力」と、「メンバーを管理して組織を動かすマネジメント能力」の両方を持っています。そのため、**チームで最も優秀な人材であるはずのリーダーが、成果を出すための正しい道のりと方法論を初めから部下に示すことが重要**なのです。正しい仕事のやり方をきちんと部下に教え、部下がそれに沿って仕事を行うという流れが、チーム全体にとって最も効率的な方法になります。

問題

会社で働いている多くの人は、年齢を重ねて経験を蓄積すると、昇格をしていきます。もし、あなたが昇格した際に、どちらの変化がくると思いますか

一、昇格すればするほど、忙しくなくなり、帰宅時間も早まる
二、昇格すればするほど、忙しくなり、帰宅時間は遅くなる

多くの人は一番を選ぶことでしょう。昇格すれば仕事はラクになり早く帰れるようになると考えます。しかし、一番を選んだあなたは、いつまでたってもよいリーダーにはなれず、あなたの率いるチームが高い成果をあげることもできません。チームの中で、最も頑張るべきは、最も高い経験値を持っているリーダーなのです。

真実⑤

アマチュアリーダーは、
ボトムアップ型で部下の意見を大事にする

プロリーダーは、
部下が間違った方向へ向かわぬよう
初めからトップダウンでディレクションする

経営改革の事例5

「部下の成長のために」と部下を尊重していた営業部長は世界に通用しなかった

買収から7カ月たった10月、ケリー氏は、エドワード氏とともに、香港の親会社へ戻り四半期に1回の成果報告を行います。そこで、香港本社にこれまでの取り組みを説明し、会長からコメントを受けます。

エドワード氏「C社を買収してからこれまで、改革の第一歩として管理基盤の強化に力を入れてきました。従業員の感情に配慮しつつも、C社がグループ会社の一員として機能するように、モニタリング体制の強化やガバナンス強化を進めてきました」

香港本社会長「我々の会社のやり方を踏襲して、我々がグローバル子会社各社に導入したことと同様の規程や基準をC社でも取り入れようとしているのはよいことだ。まずは、グループ会社の一員として業務をしてもらわなければならないから、今説明を受けたような**管理基盤を整える**

取り組みは重要だ。改革が進んでいることも評価したい。しかし、我々が今回の買収で実現したいことの一つは、我々の生産ラインで製造した製品を、C社の流通販売網を通じて販売することである。また、それによってC社がこれまで弱かったプレミアム価格帯商品のラインナップの強化を図ることである。君たちには、このような**事業上の新施策も実行**してもらわなければならない。我々は、このような我々のグループ会社とC社事業のシナジー効果を見込んでC社を買収したのである。管理基盤を整えるだけではなく、事業をよくする活動にも早急に着手してほしい。これらの新しい取り組みで、来年度中には売上高を増加させなさい」

エドワード氏「おっしゃるとおり、たしかにこれまで管理基盤の整備活動を中心に取り組んできました。それでもまだ、重要なものも残っています。例えば、会計面では月締めタイミングの早期化をして、香港本社と同タイミングで月次決算ができるようにすることにも取り組まなくてはなりません。これらについては、引き続き取り組むことをお許しいただきたい。とはいえ、早期に事業面の改善も行わなければ収益増加や買収価格の回収にはつながらないという会長のご発言の意図は理解しました。ご指示の通り事業面での活動にもすぐに着手します」

香港本社会長の指示を実現するために、エドワード氏とケリー氏はまず相川営業部長と話をしてみることにしました。相川部長は、新卒でC社に入社した昔気質（かたぎ）な営業部長です。

数日後、相川部長とケリー氏は2人でミーティングを行います。

ケリー氏「香港本社は、マージンが高いプレミアム価格帯商品を、日本でも販売開始したいと考えています。早急に準備に着手し、来年度には販売を開始したいという考えです。また、今の家電量販店経由以外の新たな販売チャネルの開拓も必要だと思います」

相川部長「承知しました。会社の事業を伸ばし、元気な会社に戻したいと私もずっと思っていました。我が社が買収され資本増強を受けるまでは、会社自体の財務基盤がぜい弱な中で新しい取り組みを行うことをなかなか許してもらえず、歯がゆい思いをしていました。私は、個人的にはこのような新しい取り組みは大賛成です。少し部内で考えてみたいと思います」

1週間後、ケリー氏は相川営業部長から報告を受けるために、再びミーティングを設定します。しかし、両者ともに会社成長のために前向きな雰囲気で会話を行った前回とは異なり、ケリー氏と相川部長の間に不穏な空気が流れます。

ケリー氏「部内で検討していただけたでしょうか。大まかな方針は決まりましたか。プレミアム価格帯商品の販売に向けた具体的なアイデアをお聞かせいただけますでしょうか」

相川部長「いやいや、この1週間でそこまで詳細に決まることはないのはわかっていただでしょう。メンバーに話をして、アイデアを募集しているからちょっと待ってほしいのです」

ケリー氏「素案でもいいから今日、議論できればと思ったのですが……相川部長はこの1週間何をされていたのでしょうか……しょうがないですね、それでは相川部長の今の考え方を口頭でかまいませんのでこの場で教えてくれませんか」

相川部長「……この件は部下に任せているからこの場ではなんとも言い難い。今、部下に電話をして確認するからちょっと待ってください」

ケリー氏「うーん。このような重要な新しい取り組みを部下に全部任せていたのですか。それでは部長として仕事をしていないではないですか。あなたは何も考えずに、この1週間を過ごされていたのですか。部下に一任する前に何かご自身でも考えられなかったのですか」

相川部長「もちろん自分でも少しは考えましたが……。しかし、私のポリシーとして部下に任せて、部下の考えを尊重したいと思っています。それが部下の成長にもつながると思っています」

ケリー氏「部下の考えを聞くのもよいのですが、それでは、会社が前に進むスピードが落ちてしまいます。まずはこの場で2人で考えてみませんか。例えば、プレミアム価格帯商品販売の成功事例として、ダイソンや数万円を超えるイヤホンの販売が参考になるかもしれません。また、航空機の機内販売や百貨店での販売、ホテルでの試用販売と認知拡大などのアイデアもあるでしょう」

相川部長「たしかに、そういうアイデアはあるかもしれないですが、私には他には……ちょっとすぐにはよいアイデアは出てきません……」

ケリー氏「相川部長は販売戦略について、まだ何も考えていらっしゃらなかったことはわかりました。それでは、プレミアム価格帯商品の販売までのスケジュールはどうですか。来年度販売に向けていつ、何をすべきか、お考えはありますか」

相川部長「いや、まだありません」

ケリー氏「相川部長は、部長でありながらスケジュールの見通しも持たれていないのですか。せめて、**検討するステップや期日などのスケジュールはあなたがつくり先導すべき**ではないですか。プレミアム価格帯商品は来年度には売上を立てる必要があると言ったはずです。

例えば、プレミアム価格帯で高級志向の新商品を売り出すのであれば、今の商品を掲載しているカタログでは、戦えないはずです。これらを高級志向にデザインし直すのに半年はかかると聞いています。このような商品案内冊子の作成リードタイムも考慮する必要があるでしょう。また、研究開発部で日本語の取り扱い説明書を作成する時間も考慮してスケジュールを組み立てる必要があると思います。このように、既存の香港本社の製品を販売すると簡単に言っても、やるべきことはたくさんあります。私は来年度中に売上を立てるのはかなりギリギリのスケジュールだと思っています。香港本社がすでに海外で販売している製品だとしても、日本の安全基準に適合することを確認するための試験を販売前に完了する必要もあるでしょう。この製品安全試験を委託できる機関は日本では数カ所しか存在せず、製品安全試験の結果を得るには数カ月間待つ必要があると聞いています。**このようなプロセスもきちんと先読みして想像し、製品販売スケジュールを検討する必要があるでしょう。**

この度は、香港本社がすでに世界に販売している既存の高級品を日本でも展開するということで、営業部がリード役となっていただきたいと考えていますが、今申し上げたように、取り扱い説明書や製品安全試験など、技術面の準備も考慮する必要があります。研究開発部の部長ともよく話し合ってください。このような**部門横断での検討の際にミーティングを率先して設定すべきは、あなたの部下ではなく、リーダーである相川部長の役割ではないですか**。相川部長は研究開発部の部長との付き合いも長いはずです。

いろいろと言いましたが、相川部長のこれまでのご知見で、これくらいのことはおわかりになりますでしょう。単に部下に一任して部下からの連絡を待つのではなく、相川部長のご経験を活かして、これらのことはきちんと部下に伝え、部下の業務をコントロールしてあげるべきです。今、私が伝えたような**全体像や考慮すべきポイント、部下が躓（つまず）きそうなことは、部下が仕事に着手する前に、経験者であるあなたが、時間をとって先に考えて、事前に教えてあげるべきでしょう**」

相川部長「私の考え方は、まずは部下に考えさせ、部下から意見を聞くことです。そのうえで皆と共に検討するということをモットーにしています。これまでずっとこのやり方で部下を育ててきました。部下とのコミュニケーションや部下の育て方について、日本の社会を知らないケリーさんにとやかく言われる筋合いはない。ちょっと電話をするから待ってください！」

自分の仕事の進め方や部下のマネジメント方法についてケリー氏に問題を指摘され、カッとなった相川部長は身を乗り出して言い返しました。それに対して、ケリー氏も負けじと反論します。

ケリー氏「相川部長の教育方針はもちろん尊重しますし、それが悪いとは言いません。しかし、それではすばやく物事に取り組むことはできないでしょう。あなたの経験をもっと活かしてください！　**チームメンバーの管理や成長のためと言って、チームメンバーに任せっぱなしにするのではダメ**です。それでは、会社もチームも動きが遅くなり、成果が出せず世界の競合に勝てません！　他の部門とも人間関係を構築しており、会社全体の動きに目を向けることができ、他のチームや部門長へ協力を求めたり、他のチームリーダーへ依頼をする**経験や権限を持っているのはチームリーダーである相川部長だけ**なのです!!」

相川部長「わかりました。ケリーさんの言っていることは正しいと思いますよ。私も、部下が何か成果を持ってきてくれるのをただ待つのではなく、もう少し私自身が部下をディレクションするように意識しましょう」

ケリー氏「はい、そうしてください。よろしくお願いします。少し私も考えてみますね」

ケリー氏は、自身の考えのまとめに取り掛かりました。

プロリーダーの思考術5

部下が報告してくるのを待たない。部下がムダな業務をして失敗する前に、自身の経験からアドバイスを行う

今回の事例では、香港本社の会長が、トップダウンでプレミアム価格帯商品の販売拡大をするように指示を出していました。日本の大企業と異なり、グローバル企業の経営トップが子会社の製品ラインナップにまでトップダウンで指示を出すということは、海外ではよく発生することです。

また、ケリー氏は相川部長に対して、プレミアム価格帯商品の販売戦略や準備スケジュールについては、トップダウンで部下に伝えるべきであったと忠告をしていました。

プロリーダーは、チームメンバーが何に注意し何をすべきか、トップダウンで細かい方針を指示します。ここでは、プロリーダーはなぜトップダウンで行うのかを解説します。

最も知見と経験を持っているのはチームリーダー リーダーが自分より経験の浅いメンバーの検討結果を待つのは非効率

プロリーダーは、チームを率いて短時間で成果を出す責務を負っています。そのため、明らかに非効率なチーム運営を行うことは避けようとします。すると、必然的にチームの中で最も経験を持っているリーダー自身が、自身の持つ高い経験値をフル活用して、チームを動かす必要が出てくるのです。

チームメンバーが悩む時間は、チームにとっては時間の浪費

アマチュアリーダーの場合は、チームメンバーを信じてチームメンバーがなんらかの成果を生み出すまで待ちます。しかし、部下が自力でつくり出した成果は、リーダーが当初期待した水準には到達していないことがあります。すると、アマチュアリーダーは、このような水準の低い成果に対して、期待水準を満たしていないことを部下に伝え、改善方法を部下へ説明し、軌道修正を促します。アマチュアリーダーは、このプロセスに時間を浪費して、高い水準の成果をなかなか出すことができません。

プロリーダーは、初めから自らの高い経験値を活かし、チームメンバーへ何を行うべきか方針

を指導（ディレクション）します。どのようなやり方で、どのような道のりを経て、どのような成果物を出すべきなのかを、部下が仕事に着手する前に念入りに指導します。**仕事の着手前に、ディレクションを行うことで、チームメンバーが仕事の途中で迷ってしまい、本来不要な価値の低い業務に時間を費やすことを避けることができます。**このように自らの経験を活かしてトップダウンでやるべきことを部下に指示をするのがプロリーダーなのです。

チーム全体の効率性を高めるには、リーダーが具体的な考えをもってチームメンバーの仕事をディレクションする

トップダウンでリーダーがディレクションをすることは、チーム全体の効率性を高めるために重要です。

例えば、Aさん、Bさん、Cさんの3名をメンバーとして抱えるプロジェクトチーム全員で、プレミアム価格帯の新製品の販売戦略を考えているとしましょう。その場合、チームメンバー間のコミュニケーションが不足しているチームでは、Aさん、Bさん、Cさんが重複して類似の販売戦略をそれぞれ考え、チームリーダーに提案してしまうという事態が発生しかねません。このような場合、リーダーはAさん案、Bさん案、Cさん案の中から一つのアイデアを選択せざるを得ず、他の2名が**アイデアを考えていた時間はムダになってしまう**のです。

この例は少しわかりにくいかもしれませんが、大企業であればあるほど、このような事象は発

チームメンバーが仕事に取り組む時間と成果の高さ

プロリーダーによるディレクション

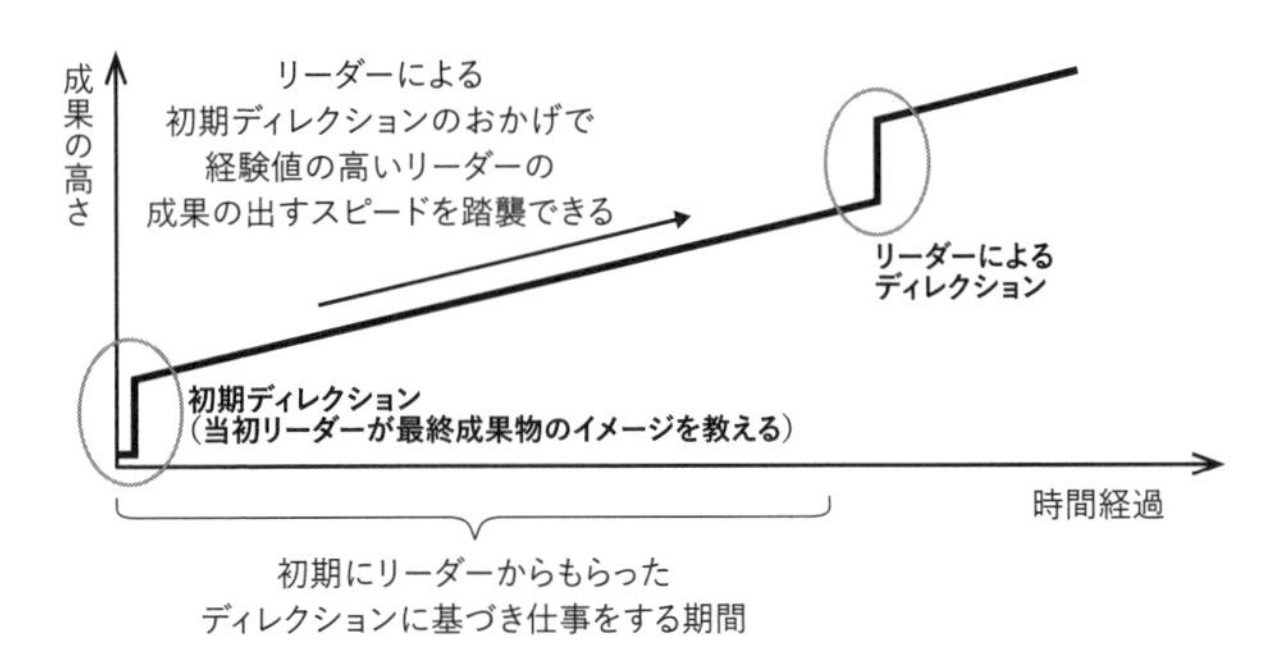

初期にリーダーがディレクションをすることで、
メンバーが正しい方法で成果を生み出せる

アマチュアリーダーによるディレクション

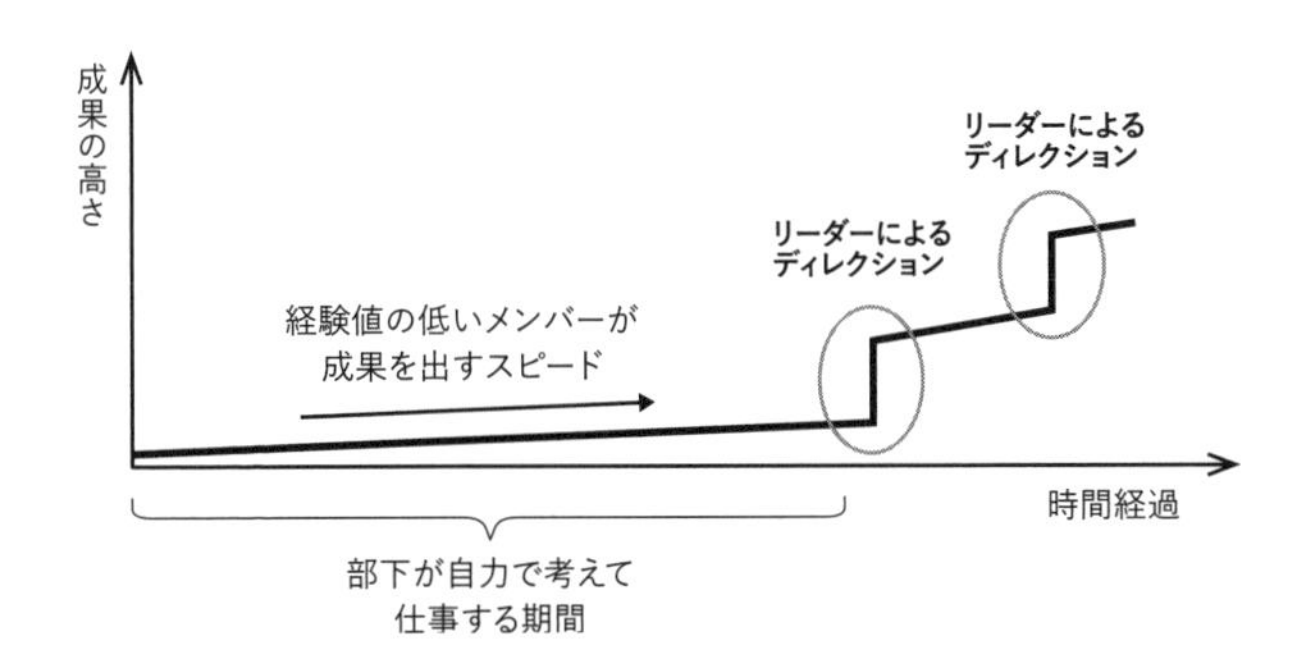

取り組み初期にリーダーが関与せず、
チームメンバーに任せてしまうと、
実力がないため高い成果を生み出せない

生しています。日本の大企業では、類似業務を行う部署が複数存在し、かつ、類似の提案を社長に持ち込み、結果的に社長がどちらかを選ぶということはよくあります。例えば、M&Aの世界では、経営企画部内のM&Aチームと各事業部専属のM&A担当者（各事業部の経営企画部内にあることが多い）が存在し、類似のM&A案件を同時期に検討し、社長に提案するということも発生します。この場合、どちらかのチームが検討にかけた時間は、結果的にムダだったことになります。

まだ、ピンときていない方のために別のアングルで説明しましょう。あなたの会社には、**「予算取り競争」という言葉はないでしょうか。または、時間をかけて新プロジェクトの計画書を作成したにもかかわらず、社内承認のいずれかの段階でプロジェクト計画が却下されるということは発生していないでしょうか。これらはすべてトップダウンでディレクションをしていなかったことによる〝ムダ〟です。**そもそも、予算の使い方について、会社のトップが当初から細かく方針を示しディレクションをしていれば、予算取り競争は発生しないでしょう。トップが自身の意思でプロジェクトの実行可否を先に決めていれば、従業員がムダな時間をかけて、却下されてしまうはずのプロジェクト計画書の作成をすることはなかったでしょう。

日本では社員が時間をかけて検討したにもかかわらず、承認プロセスの途中で却下されてしまう事案が非常に多く見受けられます。一方で、**海外のプロ経営者やプロリーダーが率いる会社では、リーダーがトップダウンで方針を示し意思決定を行うため、社員がムダな検討に時間を費やすという事象は発生しない**のです。

既存の方針や、やり方を大きく変化させる指示は、リーダーにしかできない

プロリーダーは、リーダーしか持っていない広い視野を活用してチームを動かします。

アマチュアリーダーが持っている「リーダーは積極的に関与はせず、部下が自ら動くのを待つ」という考え方では、いつまでたっても、既存のやり方を大きく変えて成果を出すことはできません。

仮にあなたの部下のAさんという、年齢は若いがとても前向きに仕事に取り組む人がいたとします。やる気に満ちたAさんは、上長であるあなたへ新しい業務アイデアを提案しに、頻繁にあなたのもとへやってきます。この場合、あなたがアマチュアリーダーであれば提案内容を説明し終えたAさんに対して、「よいアイデアであると思う。まずはAさん一人でやってみてごらん。成果が出たらチームの他のメンバーにも同じことをやらせよう」と返答することでしょう。

Aさんのアイデアがどんなに素晴らしくても、年齢の若いAさんが出したアイデアを、あなたがすぐにAさん以外のチームメンバーを巻き込んで、実行することはないでしょう。年配のチームメンバーの立場に配慮し、まずはAさん一人に取り組ませて、ある程度実績が出るのを待つでしょう。

アマチュアリーダーは、チームメンバーからボトムアップで改善提案が出てくるのを待ちます。それにもかかわらず、もしも仮にメンバーの一人からボトムアップでアイデアが出てきたとしても、そのアイデアをうまく活用することができません。

メンバーの一人から提案されたアイデアを採用して、チーム全体に広げた時に、「なぜ、Aさんの意見ばかりが採用されるのか」といった不満が他のチームメンバーから出てしまうことを恐れるからです。

こうなることを避けて、チームが一丸となり活動するためには、リーダーによる初期のトップダウンの号令が大切なのです。**チームメンバーからボトムアップでアイデアが出てくるのを待つのではなく、リーダー自らが発案し、チームを指揮することが重要なのです。これにより、チームメンバーを一つにまとめ、ムダな業務を発生させずに最短距離でチームを動かすことができるのです。**

Point!

プロリーダーは、チーム全体に変化をもたらすような広い視野に立ったアイデアは、チームメンバーから、出てくることは期待できないとわかっている

あなた自身の仕事のやり方を想像してみてください。仕事に真面目なあなたは、与えられた業務の範囲内で努力し、様々な工夫を考えていないでしょうか。例えば、あなたが西日本営業担当であれば、西日本の顧客をどう増やすか一生懸命考えるはずです。しかし、全国の営業戦略をどうすべきかといったことに西日本担当であるあなたが時間を使って考えることはないのではないでしょうか。

あなたのチームメンバーも同様なのです。普通のビジネスパーソンであれば、個人が与えられている裁量の範囲内で、よりよい成果を出そうと工夫し努力をします。すなわち、**各メンバーが最も注力するのは、与えられた業務範囲内での改善アイデアの検討です**。チームの全体方針に関わるような広い視野で考えるということには力を注がず、自分の業務範囲内で、日々の仕事をしているのです。このように、チームメンバーは、必然的に狭い視野で仕事をすることになります。そのため、**チームリーダーしかチーム全体の方針に変化をもたらすアイデアを本気で考えることはできない**のです。

レストランの事例で解説しましょう。飲食店のホールスタッフのアルバイトの大学生が、「店の経営をよくしたいから新しいメニューを考えるべき」と言い出すことは稀でしょう。さらに、仮に、この大学生がそのような発言を店長や他のスタッフに話したとしても、「店舗の経営責任も負っておらず、何もわからない人間が理想論を語っている」とされ、意見をまともに検討してもらえることはありません。このように、チームメンバーが主体となって、チーム全体に影響のある改善活動を行うのには、組織内の上下関係がある以上、限界があるのです。

チームメンバーから、チーム全体の方針やチーム全体の成果に関わるアイデアが出てきても、それを実際に採用し、他のチームメンバーにも実行させることができるケースは非常に稀なのです。だからこそ、**チームメンバーが発案するのを待つボトムアップ形式ではなく、リーダー自らがチームの方針を考えてチームメンバーを動かしていくトップダウン形式でのチーム管理が重要**なのです。

Essence

プロリーダーは、自らチームをディレクションする。
チームメンバーにすべてを任せることはしない。

なぜなら、リーダーよりも経験が浅く業務視野が狭いチームメンバーから出てくるアイデアに期待して待っているのは、チーム全体に非効率をもたらすからである

※第2章でチームリーダーは業務については関与をしないと説明しました。ディレクションはあくまで方針ややり方を定めることであり、業務の詳細について指示を出すわけではないことに留意してください。

明日からの実践5

自分は「チームのディレクションはできている」と自負するリーダーほど、正しいディレクションができていない

ここまで、リーダー自らがチームのディレクションを行うことの必要性を説明してきました。もしかすると、「チームのディレクションなんて当たり前に私はやっているよ」と考えている人もいるかもしれません。そのような方は、是非次の2つの質問を自身に問いかけてみてください。

〈よりよいディレクションのための質問1〉
次回は、一言言えば、ディレクションの内容をチームメンバーが再現してくれるか

プロリーダーは、自らディレクションを行うと説明しましたが、リーダー自身も、ディレクションをすることに時間を奪われないよう、より効率的で質の高いディレクションを行うよう、努

力しなければなりません。**リーダーが行うべきディレクションとは、将来を想像し、全体像を示し、方針を示すことです。**質の高いディレクションをしながら、リーダー自身の工数を削減するにはどのようにすればよいのかを説明しましょう。

プロリーダーは、部下に対して、将来を想像し、全体像を示し、方針を示すと説明してきました。プロリーダーは、この時、部下に対して、自身がなぜこのような想像をし、指示を出したのか、背景をきちんと伝えます。将来、起こり得るかもしれない幅広い可能性の中で、「なぜこの将来を想像したのか、なぜこのような全体像だと思ったのか、なぜそのような対応方針をとるべきと考えたのか」を部下に対して十分に説明します。

プロリーダーは、「自身の経験に基づいてどのように考えるべきかをすべてチームメンバーへ伝え、自身と同じ経験値と考え方を持つ人間をつくろう」という意識をもってディレクションを行うのです。

すると、チームのメンバーは徐々にリーダーと同じ経験値と同じ考え方をもって仕事ができるようになります。習熟するとチームメンバーがリーダーから粗いディレクションを受けたとしても、ディレクションの精緻化をチームメンバーが自分自身の中でできるようになるのです。こうなれば、リーダー自身も、徐々にディレクションにかける手間を削減することができるようになっていきます。

実は、私自身、優秀な上司の下で仕事をしていた時には、初めは、資料1枚1枚の構成にまでディレクションを受けていました。資料の文字のレイアウトやフォントデザインや文字サイズまで、指示されたことがあります。しかし、私の上司は、その際に「なぜこのようなレイアウトがよいのか、なぜこのフォントデザインでこの文字サイズなのか」を、毎回丁寧に説明してくれていました。かなり、詳細にディレクションを受けていたので、私の頭の中で、その上司の考え方や言葉が、目の前に上司がいなくてもいつでも聞こえてくるようになりました。その結果、上司から粗いディレクションを受けても私自身でそのディレクションを補正できるようになり、阿吽（あうん）の呼吸で仕事ができる関係が生まれたのです。

〈よりよいディレクションのための質問2〉
客観的な視点をもってしても、同じディレクションになるか

ここまで、リーダー自身の経験を活かしたディレクションが重要であると説明しました。しかし、ディレクションは、リーダーの主観によるものではなく、常に一歩引いた視点で考えを持つことが重要です。先に述べたように、プロリーダーは、自身の経験に基づいてどのような方針をとるべきかをすべて部下へ伝えます。すなわちそこには、経験と方針の間に論理的な整合性がな

きちんとチームメンバーへ伝えるために、ディレクション時に考えるべき枠組み

ディレクション（方針指導）

どのようなやり方で、どのような道のりを経て、どのような成果物を出すべきなのか？

リーダーとして、なぜこのような
ディレクションや対応方針にたどり着いたのか？

	詳細内容	背景、理由
将来像	リーダーとして、どのような将来像を描いているから、このデイレクションを思いついたのか？	リーダーとしてその将来像を描いた、背景や理由はなにか？
全体像	リーダーとしてどのような全体像を描いているから、このデイレクションが必要だと考えたのか？	そのような全体像だと考えたのはどのような経験値や知見を持っていたからなのか？

チームのディレクションを行う際には、上の枠組みを活用し、リーダーとして伝えるべき内容を漏らさずに伝える

ければなりません。あなたの考え方をチームメンバー自身が再現できるようになるには、背景とディレクション内容が論理的に整合していないと、不可能なのです。リーダーが主観と直感で、チームをディレクションすることはナンセンスです。

ここまで説明しても、「自身の経験に基づく判断は、客観的であり正しい」と主張し、メンバーと議論を行うリーダーが存在します。議論が発生している時点でそのリーダーの主張内容の客観性は低いということでしょう。

プロリーダーは謙虚です。議論は行いますが他人の意見や専門家の意見も取り入れます。

もし、あなたのディレクションが周囲の人やメンバーの考え方と異なり、議論が発生するようであれば、謙虚に意見を聞いてみてください。

Essence

リーダーとしてのディレクションの理由と背景を、
これでもかと思うくらい存分に伝えることで
徐々にチームメンバーが自分自身で再現できるようにする

Column

企業参謀がM&Aの直後に実施するPMI活動

これまで、筆者が経験した中で最もハードな経営再建は、M&A直後の経営再建です。再建対象となる会社は、経営の先行きが見えなくなり、自力での成長が困難になったために、売却されてしまったケースも多くあります。また、従業員は自身が勤める会社が買収されてしまったということで、モチベーションが下がり仕事に悲観的になっているケースも多くあります。このように、もともと先行きが怪しかった会社で、さらにM&Aで従業員のモチベーションが下がっている状態から経営再建を行うのは、再建を担う人間にとってはかなり大変な仕事です。さらに、買収された企業が新しい親会社グループの一員になれるように考えながら、再建を行うとなると、またさらに難易度が増します。

このように、ただでさえM&A直後の会社再建や経営改革は、大変なのですが、特にM&A直後100日間が、買収された会社にとって最も負荷がかかる期間であるとともに、将来の経営の方向性を決めてしまうとても重要な期間でもあります。このようなM&Aの直後に行われる活動はＰＭＩ（Post Merger Integration 買収後統合活動）と呼ばれ、ＰＭＩに精通した専門家が現場のかじ取りを行う場合が多いです。短期間で将来の会社の方向性を担う重要なかじ取りを意味するＰＭＩにおいて、なぜ、買収直後のＰＭＩが重要で、どのようなことがＰＭＩで行われるのか、実際に専門家として現場で働いていた筆者が紹介します。

早期に事業成長させないと数十億円以上の買収金額が水の泡に

近年は、高値で企業を買収するケースが多く、できるだけ早期に事業成長を実現する必要が出てきています。そのため、ＰＭＩという考え方が注目されるようになってきました。最近の買収価格は、被買収会社（買収される会社）の営業利益の10倍以上で取引されることがほとんどです。もし、被買収会社の営業利益が10億円であればその会社の買収価格は１００億円以上という計算となります。すなわち、買収を仕掛ける会社は、その会社の現状の収益性を維持したまま10年以上を経てようやく元がとれるという計算になります。高値買収だからこそ早期に事業成長へ導かないと大金が水の泡となってしまうのです。

高値で買収するケースが増えているため、買収を行った新親会社や新オーナーは、Ｍ＆Ａ後一刻も早く、被買収会社の業績改善を行いたいと考えるようになり、ＰＭＩの専門家を雇うのです。

そして、PMIを通じて、被買収会社の従業員に、新親会社や新オーナーのやり方やルールを適応させるのです。また、新親会社や新オーナーと被買収会社間で、情報共有やコミュニケーションがうまくできるようにコミュニケーションルートを整理するのです。

さて、PMIの専門家が、M&A直後にどのようなことを行うのか、紹介しましょう。被買収会社に対して、大きく2つのテーマを実施させます。一つは「①管理基盤を整える」、もう一つは「②事業の改善」です。

①管理基盤を整える

「①管理基盤を整える」の主な目的は、新親会社や新オーナーが、被買収会社を管理しやすくすることです。被買収会社には子会社として、新親会社のやり方やルールに則って会社経営をしてもらう必要があります。例えば、親会社と子会社という新しい関係性の中で、親会社、子会社間の情報共有機能を整理する必要があります。

決裁権限という観点では、最高意思決定権は新親会社や新オーナーが持つ必要がありますので、これまでの被買収会社の取締役会や社長、部門長が持つ権限の一部を縮小する必要があり、

①管理基盤を整える

管理基盤を整えるための活動例

テーマ	内容
決裁権限の変更	被買収会社の権限を縮小し、新親会社や新オーナーが最終意思決定者となるよう更新する
組織体制･組織図変更	親会社グループと同様の部署やガバナンス体制となるように部署の統廃合などを行う 社内のレポートラインの変更も行う
会計基準の変更	親会社グループの会計基準に変更する **例：海外現地基準の会計基準をグローバルスタンダードであるIFRSへ変更する**
決算早期化	親会社グループのグループ連結作業に間に合うように月次、四半期、年次の決算タイミングを早める
ITシステム統合	親会社グループとデータ連携できるようにする 親会社と共通のシステムに入れ替えるケースも多い **例：会計システム、在庫管理システム等**
人事評価制度の見直し	親会社グループの評価基準に合わせて変更する
給与制度の見直し	親会社グループの人事方針に基づき変更する 年功により昇給する仕組みや基本給と賞与の比率を変更するケースが多い

それを明文化する必要があります。

会社の部門構成という観点では、被買収会社の組織体制や業務分掌を新親会社と類似の体制にする必要があります。なぜなら新親会社と被買収会社で、組織構造が大きく異なると、新親会社の各部署の担当者が、被買収会社を適切に管理しにくいからです。

例えば、新親会社では調達部が部品購入の予算管理業務を行っていたとします。しかし被買収会社である子会社では調達部ではなく経理部が部品購入の予算管理業務を行っているとします。親会社の調達部の担当者は通常業務では子会社の調達部と会話をしていればよいが、予算については経理部と話さなければならないとなると、コミュニケーション相手が複数に増えてしまい、新親会社としては子会社の情報収集をしにくくなってしまいます。新親会社、子会社間の部門構成と業務分掌のズレは、新親会社による被買収会社子会社の管理を煩雑にしてしまいます。このような混乱を避けるために、新親会社の組織体制と被買収会社子会社の組織体制が同じ構造となるように変更をしていく必要があるのです。

②事業の改善

次にPMIの専門家は事業改善への道筋を立てます。新親会社の人間が、買収後に実現しようとしていたコンセプトレベルの事業拡大・改善活動について、新親会社と、被買収会社で目線を合わせ、具体化していく活動です。新親会社は、被買収会社とともに新しい事業拡大施策を取り組みたいと期待しています。一方で、実際の業務の現場には現場の事情があります。そのため、被買収会社の各部署のトップとともに、今後数カ月、数年先のスケジュールや実現方法を、現場の稼働状況や既存事業へ悪影響を及ぼさないことなどの事情を踏まえて、実行計画を新親会社と子会社の間で合意していきます。

なお、この合意を進めていく過程で、プロジェクトチームを立ち上げて、初動まで行ってしまうケースがほとんどです。M&A直後1~2週間は部門長との大まかな方針やスケジュール（何を何カ月後までに達成する）を定めますが、その後の初動は、新親会社と被買収会社の担当者が招集された合同のプロジェクトチームによって実行されます。

②事業の改善

事業の改善のための活動例

テーマ	内容
価格戦略の見直し	製品カテゴリー毎に、定価設定や割引基準を見直し
顧客戦略の見直し	収益性の高い顧客や低い顧客を分析し、適した販売活動を検討
注力分野やエリア検討	特に注力する領域を検討 **例：これまではあまり広告や営業をしていなかったが収益性の高い商品を見つけて広告する**
新規事業立ち上げ	既存事業以外の新しい事業立ち上げ
人件費の見直し	会社の収益状況に応じて適切な従業員数であるかを検討
販売促進費の見直し	費用対効果の高い方法、低い方法を検討
販売チャネルの見直し	販売チャネルの統廃合による効率化を検討
その他取引先の見直し	支出が多い外注先について、適正な水準の支出であるかを検討

このように、「①管理基盤を整える」「②事業の改善」の2つの観点から、整理され取り組むべき事項は、ブループリント（将来達成事項シート）と呼ばれる一つの台紙にまとめられます。

これには、新親会社の担当者と、被買収会社の各部門長が合意した、「各業務分野や部署において、1カ月後、3カ月後、6カ月後、1年後、2年後に、何をどこまで達成している状態にあるか」が一覧化されて記載されています。

ブループリントとは**「将来、何を達成してどのような状態を実現できているのかを、期間を区切り段階を踏んで見通し、関与者全員で目線を合わせる」ための道具**なのです。

ブループリント(将来達成事項シート)の例
(①管理基盤を整える)

	1カ月目	3カ月目	6カ月目	1年目末	2年目末
ガバナンス					
決裁権限変更	新決裁権限の方針が合意されている	規程で明文化されている	規程に基づき実運用がされている	—	—
組織体制変更	検討チームが組成されている	新体制の検討が開始されている	業務分掌が作成完了している	新組織体制が導入されている	生産性の低い組織の一部が解散されている
経理					
会計基準の変更	変更事項の優先度が明らかになっている	専門家も関与を開始している	最優先事項の基準変更がなされている	すべての事項の基準変更が完了している	新基準で監査をクリアしている
決算早期化	改善すべきプロセスが明らかになっている	プロセス改善活動が開始されている	親会社の求めるタイミングで決算完了できる	—	—
IT					
システム統合	統合すべきシステムが洗い出されている	システム統合のロードマップが作成完了している	優先度の高いシステムの入れ替え・改修が開始されている	経理分野について親会社とシステム統合され情報連携できる	すべての分野について親会社とシステム統合され情報連携できる
人事					
人事評価制度の見直し	変更すべき事項が洗い出されている	変更方針が労働組合と合意されている	新しい評価制度の方針が全社員にアナウンスされている	新しい評価制度の下で人事評価がされている	—
給与制度の見直し	改善すべき事項が洗い出されている	改善方針が労働組合と合意されている	新給与規程の作成が完了している	管理職に新制度が適用されている	全社員に新制度が適用されている

明日から意識したいリーダーにとって大切なこと

チームの将来の仕事を想像しきるのがプロリーダーへの近道

コラムでは、ＰＭＩの専門家が活用するブループリント（将来達成事項シート）を紹介しましたが、実は、この考え方はすべてのチームリーダーが活用できる考え方なのです。ブループリントには**「将来何を達成してどのような状態を実現できているのかを、期間を区切り、段階を踏んで示し、関与者全員で目線を合わせる」という考え方**が根底にありました。会社組織やチームを改革したい、新しいことを着実に進めて達成したいと考えるリーダーにとっては、この考え方はきわめて重要です。

チームリーダーであるあなたが、チームで何かに取り組みたい時、まずは、「①チームとして基盤の確保」をするという観点と、「②やりたいことを細分化し具体化する」というステップをとります。その次に、紹介したブループリントのように、誰が、○日後、○カ月後までに、何をどう達成しているかという事項を『達成予定一覧表※』として整理します。ここでは『達成予定一覧表』を活用する方法を2つ説明します。

※『達成予定一覧表』とはPMIの専門家が活用するブループリントの考え方をチームリーダーが活用できるように改変した筆者オリジナルの名称です。

①長期間の取り組みは、期限を小分けにして達成目標も小分けにする

仮に通常は達成までに1年間かかる足の長い取り組みであったとしても、○日後、○カ月後には何を達成している状態になっているのかを分割してステップを刻むことが大切です。一つのテーマや取り組みについて遠い将来のゴールを設定するのではなく、細かく進捗を管理できるよう、近い将来のゴールを設定することが重要です。1カ月後、3カ月後、6カ月後、1年後、1・5年後、2年後といった区切りを行うのが一般的です。もし、あなたのチームの取り組みが1カ月で達成できるような、もともと必要期間が短い場合には、7日後、14日後、21日後など、より短い区分にするとよいでしょう。

②「将来やること」を考えるのは無意味。「将来何を実現できて**いるか**」を考えることが重要

将来の状態を想像する際には、「やること」や「アクション」を考えて一覧化をする人がいます。しかし、これではどんなにやることをやっても成果にたどり着きません。やることをやっても当初想定していた目標に到達していないのであれば、すばやくやり方を修正して、目標達成を

目指す必要があります。そのため、あなたが『達成予定一覧表』を記載する際には、「達成している状態」を書くことが重要です。やることを完了したとしても、実現したいことに近づいていなければ意味がありません。そのため、「達成している状態」を記載することを常に意識してください。

例えば、飛び込み営業で100社訪問しようとも1000社訪問しようとも、1社も新規契約につながらなければ意味がありません。達成している状態として、「新規契約を1社以上と結べている」と記すのが正しい記載の方法です。

新規契約獲得のために何社訪問するのか、どういう工夫をして契約獲得にこぎつけるのかは、現場で仕事をするチームメンバーが考えることです。目標達成のための道のり（やること）を、リーダーが注視したり定めたりする必要はありません。**リーダーが注視すべきは達成すべき水準や達成すべき目標**です。また、やることを定めずにおくことで、実際に現場で仕事をするメンバーは臨機応変に手法を変えながら目標達成に取り組むことができるようになります。そのためここでは、達成している状態とはどういう状態であるのか、すなわち「何を実現できているか」を記載するようにします。なお、達成できたのか、遅延しているのかの、どちらかをすぐに判断できるようにすることが大切ですので、数値を入れて記載するとさらに効果的です。

レストランの経営改革

『達成予定一覧表』NG例

	1カ月目	3カ月目	6カ月目
リピート顧客比率を20%から40%へ引き上げ	新規顧客獲得・既存顧客獲得のプロモーション費用の見直し	過去顧客にリニューアルオープン時の優待を配布	顧客へアンケート実施
メニュー開発	食材検討、メニュー検討	効率的な調理の仕方検討	メニュー冊子のデザイン改変
店舗内装のリニューアル	リニューアル後の店舗コンセプト検討	店舗レイアウト設計	内装工事実施

「やること」を記載してしまっている

『達成予定一覧表』OK例

	1カ月目	3カ月目	6カ月目
リピート顧客比率を20%から40%へ引き上げ	既存顧客向けプロモーション費用の予算が決まっている	過去顧客300人へのリニューアルオープン時の優待配布を完了している	リピートをする理由、リピートをしない理由について10人以上の顧客の声を入手完了している
メニュー開発	新しいコースのメニュー案が3つ以上作られている 利用予定の食材の産地・仕入れ先が決まっている	コースメニューが2つ確定し、調理プロセスが確定している	メニュー冊子が印刷業者から納品されている
店舗内装のリニューアル	リニューアル後の店舗コンセプト（ターゲット、平均単価、店の雰囲気など）が、店長と店舗オーナー間で合意されている	店舗レイアウトの設計図が完成し、店舗オーナーも同意している	内装工事が完了している

「何を実現できているか」を記載している

第6章

成果を出すために リーダーが知って おくべき知見とは？

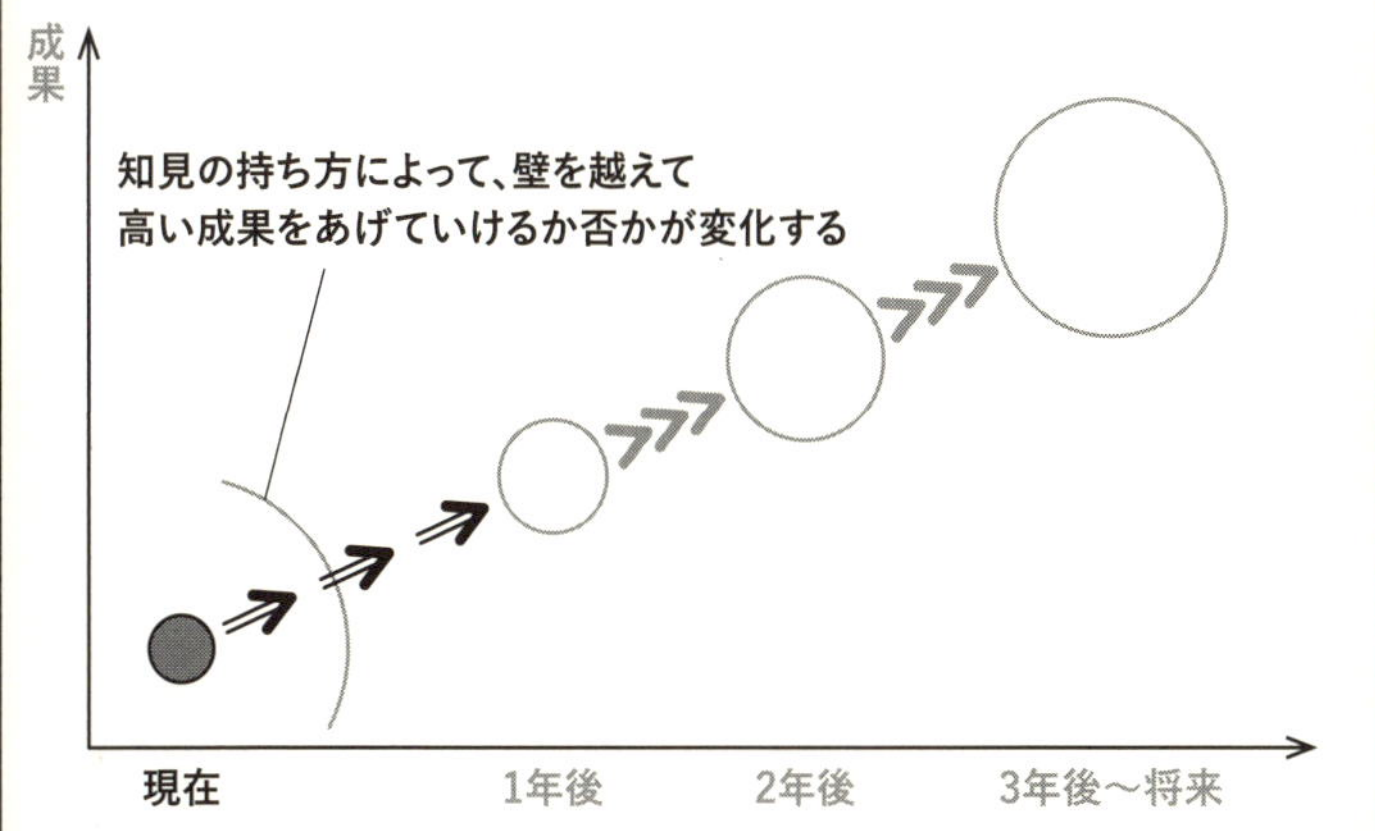

問題

会社の成長が低迷している時、経営者から大事にされるチームリーダーは、どちらのリーダーでしょうか

一、深い業界知見を持ったチームリーダー
二、少しの業界知見と、その他の基本的な経営スキルを持ったチームリーダー

正解は二番です。会社の立ち上げ期は、業界知見を持ったチームリーダーが大事にされます。しかし、会社の成長が低迷し、改革が必要な時、二番の、少しの業界知見と、その他の基本的な経営スキルを持ったチームリーダーが活躍します。

なぜそうなのか、詳しくは本章の「プロリーダーの思考術6」で解説します。

真実⑥

アマチュアリーダーは、
「自分は業界について誰よりも詳しいから偉い」
と勘違いする

プロリーダーは、
業界知見を持っていてもチームの成果には
結びつかないことを知っている

経営改革の事例6

プレミアム商品販売のヒントは1杯のワインから

先日の相川営業部長とのミーティング後、ケリー氏は自身でもプレミアム価格帯商品の販売に向けたアイデアを検討しました。ケリー氏は、たまたま相川部長とトイレですれ違った際にアイデアを相川部長に伝えました。

ケリー氏「私も少し日本の市場について勉強しました。プレミアム価格帯商品の販売に向けたアイデアですが、例えばジャパネットたかたのようなテレビショッピングで販売するのはどうでしょうか。高級家電で有名なダイソンも、テレビショッピングでよく売れているようですよ。商品についても詳しく説明できて、プレミアム感も紹介できるので、よいと思うのですが。また、他にも私の前職の経験を活かして、販売方法、商流など、プレミアム価格帯商品販売を新規事業としてとらえた時に考えられるアイデアを、幅広く書き出してみたので、是非参考にしてください」

アイデアリストをケリー氏から受け取り目を通した相川部長でしたが、相川部長自身は内心それが面白いとは思えませんでした。相川部長は、やはり自分自身できちんと考えることを決意します。しかし、ケリー氏のアイデアを読み直した相川部長は、その中には、非常に有用な観点が含まれていることに気づきます。

ケリー氏の前職での経験など、消費者向け音響機器業界に限らず様々な業界での成功事例を考慮したアイデアが書かれていたのです。これまで、相川部長はC社に長年勤めていたため、音響機器業界については詳しいものの、その他の業界についてはよくわかりませんでした。他業界の事例をC社商品販売に当てはめるというのは、相川部長にとってはとても斬新な考え方でした。

相川部長は、ケリー氏のアイデアから得たヒントも踏まえ、プレミアム価格帯商品をどのように販売すべきか、改めて考え始めます。しかし、他業界の経験が少ない相川部長は行き詰まってしまいます。

考え込んでしまった相川部長ですが、自宅で趣味のワインを飲んでいる時、ふと、自分の好きなワインがヒントになるのではないかと思いつきます。「ワインは値段が高い商品も安い商品も、皆、見た目は変わらない。赤い液体などがボトルに入っているだけだ。しかし、スーパーで安く販売されている商品もあれば、高級ブランドとして確立され、専門店で高値で販売されている商品もある。高級ワインのブランディング戦略から学ぶことはできないだろうか」と考えました。

高級ワインとして知られるワインブランドは、〝テロワール〟と呼ばれる、自社のブドウ畑でのブドウ育成方法へのこだわりや、製造工程を消費者に説明し、上質な土壌の畑や高い生産方法のこだわりを訴求しています。他にも、航空会社のラウンジで提供されていることをアピールしたり、生産者の顔写真やメッセージ動画をつけてプロモーションを行うこともあります。高級ブランドとして知られるワインは、このようなマーケティングプロモーション活動を行うことで、高価格帯での販売を実現しています。

相川部長は、この高級ワインの手法を、今回のプレミアム価格帯商品の販売でも利用しようと考えました。高いこだわりをもって製造していることを打ち出したプロモーションを行おうと考えたのです。材料選定から設計、製造、安全性テストのこだわりを説明するとともに、技術者の顔写真も活用して販売するという方法を思いつきました。

例えば、日本企業では、製品の耐久性・安全性テストはほとんどのメーカーが行っているプロセスです。これまでは、当たり前と考えられており、誰も見向きもしなかった製品の耐久性・安全性テストを行っている写真を、商品のパンフレットに加えることを思いつきました。

他にも、ワインが航空会社のラウンジで提供されているのをまねて、今回の新商品を高級ホテルでも利用されている製品として打ち出すことを思いつきました。このような手法は、ベッドメーカーのシモンズも行っており、効果的な手法であると確信をもって、検討できるようになりました。

相川部長は、他業界の事例をヒントに、プレミアム価格帯商品のマーケティングプロモーション施策を思いつくことができたのです。

プロリーダーの思考術6

プロリーダーは、自身の持つ業界知見では競合を出し抜けないと知っている

自身の経験とまったく異なる見識が、変革をもたらすことができる

アマチュアリーダーは、「自身の業界経験は最も秀でており正しい」と過信してしまいます。

アマチュアリーダーは、「私は、長い間この業界にいる。誰よりも業界のことをよく知っている。業界をよく知らない人間からのアドバイスは聞かない」とよく言います。

しかし、これでは、いつまでたっても競合に勝ったり、期待されている以上の成果を出せるチームにはなれません。あなたと同程度の業界知見を持っているリーダーは、世の中にたくさん存在しています。

まずは、本章の冒頭の問題について解説しましょう。「深い業界知見を持ったチームリーダー」よりも「少しの業界知見と、その他の基本的な経営スキルを持ったチームリーダー」のほうが経営者に大事にされると述べました。深い業界知見は、市場が横ばいの時や、会社の経営が低迷している際には実はあまり役に立ちません。なぜなら、業界知見というのは、現在の業界の動

きや、近い将来について、業界人が考えている知識であり、業界中で生きていけるレベルの知識だからです。業界知見とは文字通り、その業界に精通している業界人が持っている知識であり、同業の競合を出し抜いたり新たな成功をどう獲得するかという知識にはなり得ません。あなたが持っているのと同じ深さの業界知見は、競合企業のチームリーダーたちも持っています。これは、業界内に存在する既存の知識であり、業界で生き残るための〝守りの知識〟です。より高い成果を生むための〝攻めの知識〟ではありません。

実際に、プロリーダーはどんな業界やどんな企業やどんなチームでも改革を成功させることができます。プロリーダーは、一つの業界に固執しません。すなわち、プロリーダーにおいては、誰よりも深い業界知見を持っていることは強みにはならないことがこれで証明されると思います。チームを率いて高い成果を出すためには、創造性のある知識や考え方が必要であり、創造性の少ない既存の知識の有無は重要ではないのです。

チームリーダーは、守りの知識である業界知見に過信することなく、常に新しい知識を外の世界から入手することに力を注ぐべきなのです。

Point!

自身の経験に自信を持ち慢心しているリーダーは、いつまでたっても素晴らしい成果を出せない

プロリーダーは、常に謙虚です。プロリーダーは、自身が持っている業界知見と、自身が持たないまったく新しい見解を掛けあわせることで、唯一無二のアイデアと成果を生み出そうとします。リーダーであるあなたは、常にチームの外に目を向け、チームが持っていない新しい知見を獲得しようと努めることが重要です。

これまで、プロリーダーは、「詳細業務を設計するのではなく目標を示せばよい」「自らディレクションを行う」「ディレクションは背景を伝えることで徐々に部下が再現できるようにする」と説明してきました。もし、あなたがここまで行い、プロリーダーに近づくことができればあなた自身が業務に忙殺されなくなり、仕事に余裕が生まれ、時間ができるはずです。仕事に余裕が生まれたら、是非、外の世界に目を向けてください。そして、外部の専門家の意見や、他業界の事例を自分のチームにうまく転用できないか、考えてみてください。

リーダーが外の世界に目を向けているチームは強い

外の世界の知識を取り入れることで成功している事例は多く存在します。筆者が携わった、他業界の模倣で成功した事例を紹介しましょう。IT業界のハッカソン※と呼ばれるアプリのアイデア創出&開発手法を、旧来の食品業界に転用した事例です。

※ハッカソン：短期間で、新しいアプリやWeb上の新サービスのモックアップを開発するイベント。アプリや新サービスを発想するのが得意な企画者と、プログラマー、デザイナーなどが、3人1組となり2~3日程度でモックアップを作り上げることが多い。IT業界でよく行われるイベントではあるが、その他の業界ではあまり例はない。

コンビニのレジ横で販売しているような10粒程度入りのガムを想像してください。この粒型ガムの形状や仕様は、20年以上前からほぼ変化していないと思います。

私が携わった新商品の検討プロジェクトでは、IT業界で新アプリサービスを開発する際の手法として利用されるハッカソンの考え方を、ガムの商品企画にも転用しました。企画が得意な人、技術系の人を集め、ハッカソンを開催したのです。そこでは、企画が得意な人が様々なアイデアを生み出し、技術系の人が技術的な観点から製造の実現可否を検証していました。面白いアイデアで、かつある程度製造実現性の高い商品が生まれました。

例えば、ガムの中にカプセルが入っていて、ぷちっとつぶすとミントのエキスが出てくるものや、パッケージデザインがシンプルでかっこいいもの、筆箱のような入れ物でＭｙガム袋として環境に配慮したデザインの携帯容器などの新商品の企画と試作品が出てきました。

これまで、ガム業界は市場規模も一定で、商品も変わらず、シェアも安定的な業界でした。競合や市場のトレンドをどんなに熟知していたとしても、このような面白いアイデアは生まれなかったことでしょう。しかしまったく異なる業界の商品を企画する活動であるハッカソンを、自社に持ち込んでみることで、他社が持っていない面白い商品企画に至ったのです。

このように、チームリーダーが外の世界に目を向けると、これまでのチームでは到底達し得なかった成果を得ることができるのです。

最後に、リーダーが外の世界に目を向けなかったことによる失敗例にも、簡単に触れておきましょう。

ソニーはMDに固執してMP3で後塵（こうじん）を拝しました。シャープは亀山工場にこだわることで国内のテレビメーカーの中でも真っ先に赤字に転じました。ニコンはミラーレスカメラの開発に注力しないうちに、ソニーが先にミラーレスカメラを開発し、シェアを奪われてしまいました。

これらの事例の企業では、とても優秀な技術者たちが努力し、技術力の高い製品を生み出していたはずです。しかし、会社のリーダーたちが外の世界の変化や他社の取り組みに気づかなかったために、会社や開発チームの方針転換を行えず、事業の失敗に至ったのだと考えられます。

Essence

リーダーが自身の業界知見を過信せず、外の世界に目を向けることで、初めて期待以上の成果を生み出せる

明日からの実践6

大企業の経営者の考え方や戦略を読み解く

新聞を読むことに時間を使うリーダーは、期待以上の成果を生めない

ここまで、プロリーダーは、自身の業界知見を過信せず、外の世界に目を向けると説明しました。それでは、リーダーであるあなたは、外の世界の情報を得るために、具体的に何をすればよいのでしょうか。

「私は新聞を読んで、世の中の動きや競合他社の動きを把握している」というチームリーダーがいます。しかし、世の中の誰もが皆、アクセスしている情報では意味がありません。また、新聞記事の大半は事実を報道しているのみで、他業界や他社の戦略や将来像、注力している取り組みなどを把握することはできません。チームリーダーが入手すべき価値のある情報は新聞からは得られないのです。**チームリーダーであるあなたは、上場企業が発表している株主向け情報（ＩＲ資料）を読むべきです。**

ＩＲ資料は、業界の市場状況や、各社の最新の戦略、事業上の工夫点がまとめられており、かつ無料で入手できる資料です。そもそも、ＩＲ資料は上場企業が株主に自社のよさをアピールするために作成しているため、その企業の魅力的な最新の取り組みが記載されています。また、企業内部でどのような取り組みを行っているのか、どのような背景で意思決定を行ったのかを見ることができます。

例えば、サイゼリヤがなぜ低コストでも成長を実現しているのか、サプライチェーンの仕組みを知ることができます。オムロンはどのような指標をＫＰＩとして導入しているのか知ることができます。ヤフーが、どのような経緯でＺＯＺＯ買収に至ったのか、ＺＯＺＯの事業のどのような点を評価して買収したのか、今後どのようにシナジーを伸ばしていくのかも公開されています。PayPayモールについてもサービスがリリースされるよりもはるかに前から関連情報が公開されていました。**ＩＲ資料は、個人株主のために平易な言葉で説明されているとともに、その企業がアピールしたい最先端で先鋭的な取り組みが記載されています。**

チームの外に目を向けるためには、人脈をつくって経営者と会話をしたり、外部のコンサルタントを雇用するのもよいでしょう。しかし、経営の目線が存分に反映されたＩＲ資料を読むのが、リーダーであるあなたがすぐにできる方法です。

Column

チームリーダーが外に目を向けたことで、チームは大きく変化できた

筆者が経営改革に携わったアパレルブランドの事例を紹介しましょう。アパレル業界は流行り廃り（すた）が激しい業界です。特にファッション性の高い商品を販売しているアパレルブランド企業は、流行の変化に常に頭を悩ませています。「ファッション性が高いブランド＝自社のファッションイメージが確立され消費者にも知られているブランド」ということです。しかし、これは、言い方を変えると、自社のブランドイメージが確立されればされるほど、市場のファッショントレンドが大きく変化しても、自社商品のデザインテイストをすぐに大きく変更できないというジレンマを抱えることになります。なぜならば、テイストの変更は既存の自社が確立したブランドの資産（＝ブランドイメージや、ファン〈消費者〉）を手放すことにつながりかねないからです。

具体的な事例を紹介します。

2000年代の話です。当時、渋谷のセンター街では黒ギャルブームは終わり、女子高生の主

流は白ギャルへシフトしていました。当然、黒ギャルが好んで着ていた、肌の色に合わせた黒系でセクシーでタイトスタイルのファンションデザインは廃れはじめ、白ギャル向けの白っぽくふわっとした印象の、フリンジのあるスカートなどのデザインが流行していました。この流行の変化を背景に、これまで黒ギャルを主なターゲット層として全国複数のショッピングモールに出店していたアパレルブランドの業績は悪化します。

これまで、この会社では、黒ギャル向けのデザインに自社の強みがあると認識しており、黒ギャル向け商品に軸足を置いて商品開発を行っていました。会社のデザイナーたちは、「自分たちの会社は黒ギャル向けが得意であり、黒ギャルファッションの追求にこだわりたい。黒ギャルのためにどう洋服をデザインすれば売れるのか」ということを常に考えていました。

しかし、黒ギャル向けの商品テイストにこだわるあまり、商品の売上は減少していきます。会社業績の悪化が進んだころ、社長は各部署のリーダーを集めて、再建チームを立ち上げました。再建チームはコンセプトの大転換を図ります。これまで、会社として黒ギャル向け商品に注力していましたが、白ギャル向けにデザインテイストを大きく方針転換することを決定したのです。

実は、このデザインテイストの方針転換は、デザインチームのリーダーが提案したものでした。この再建チームにより、当該アパレルブランドは業績回復に転じたのです。

この事例からいえることは、デザインチームのリーダーが旗振り役となり、方針転換を先導していなかったら、いつまでたってもデザイン方針の大転換はできなかったことでしょう。真面目に頑張る従業員であればあるほど、与えられた範囲の中で全力を尽くします。この会社の社員は、ファッションに対する情熱と探求心を持っており、「黒ギャル向けデザインで、今よりも売れる商品をつくる」ということにエネルギーを注いでいました。しかし、このような従業員のエネルギーの使い方は、黒ギャルファッション市場が縮小し、外部環境が大きく変化している中では、非効率的な時間と努力であったと言わざるを得ません。

〝黒ギャル向けによりよい商品をつくる〟ことが大切であるという社内の空気感の中では、「白ギャル向けに方針を転換しましょう」という声は、従業員、特にデザイナーからは出てこなかったことでしょう。外の世界の変化を見ていたデザインチームのリーダーだからこそ、方針転換を提案することができたのです。

リーダーは視野の広さとチームを動かす権限を持っています。その視野と権限の元で、チーム全体にとって最もよい方法を考え、各チームメンバーに対して指導し、実行を促すのがリーダーの役割なのです。

第7章

メンバーのやる気を引き出す数字を使ったプロリーダー術

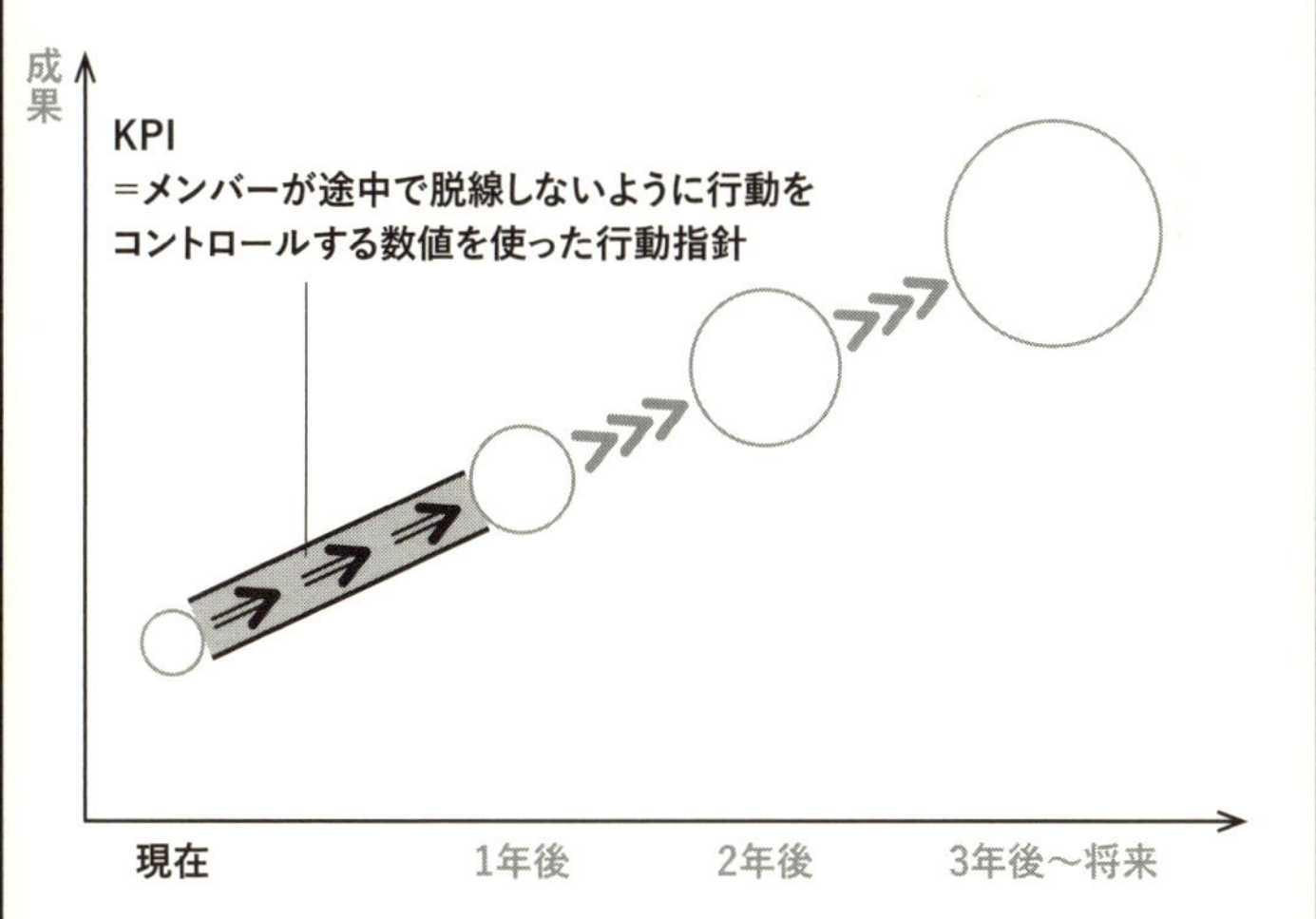

来期予算数値はPL上の目標を表し、KPIは行動指針を表す

第4章では、来期予算数値の設定の仕方を説明しました。来期予算数値で定めるのは、一般的には売上高をどの程度目指すのか、どの費用科目でどの程度の支出を行うかといった売上と費用に関する内容です。すなわち、来期に目指すPL（損益計算書）を定めています。

しかし、損益計算書上の予算数値が定まっても、何を目指して日々の業務活動をすればよいのか、何に注意すべきなのか、日々の実際の活動には結びつきません。そこで利用するのがKPIです。**KPIでは、来期予算数値を達成するために、日々の行動指針を数値で表現**します。

KPIは、チームメンバーの行動を決めてしまう、すなわちチームメンバーの貴重な時間の使い方を決めてしまう大変重要な指標です。筆者が企業の再建を行う際にまず取り組むのはKPIの再設計です。これは、これまで従業員がまとまらず、何が正しい活動かもわからないまま経営不振に陥ってしまった企業には特に有効です。

KPIはとても大きな魔力を持っています。KPIを正しく設定すれば、大多数の人間の仕事を同時にコントロールできます。数万人規模の従業員を抱える企業の再建を行う際にも、社長・

部門長のKPIと、それに連動するインセンティブ賞与の設計を行い、組織を動かします。ここでは、プロリーダーが行うKPIの使いこなし方を説明します。

KPIでうまくチームを動かせないのはあなたがKPIの本当の使い方を知らないから

KPIとはKey Performance Indicatorの略語です。〝来期予算〟や〝利益率〟〝ROA(総資産利益率)〟などの財務指標がKPIだと勘違いしている人を見かけますが、本来のKPIはこれらではありません。KPIとは、その名のとおりパフォーマンスを図る指標です。日本でよくこのような勘違いがされるのは、多くのビジネスパーソンはKPIを使って、チームや自身の仕事のパフォーマンスを評価された経験がないからです。KPIが設定されていようがいまいが、やるべき仕事は変わらないと考えているため、KPIとは何かを真剣に考えたことがないのです。日本では、KPIを達成しなくてもクビにならず、賞与が減るわけでもありません。だからこそ、単に「達成したほうがうれしい、単なる目標数値=KPI」と考えられてしまい、来期予算や財務指標と混同されてしまうのです。

一方、海外では、KPIはチームや個人の仕事のパフォーマンスを明らかにする指標として使われます。仕事をするうえで、意識すべき指標の定義と、その基準値(目標値)が、KPIとし

KPIとは

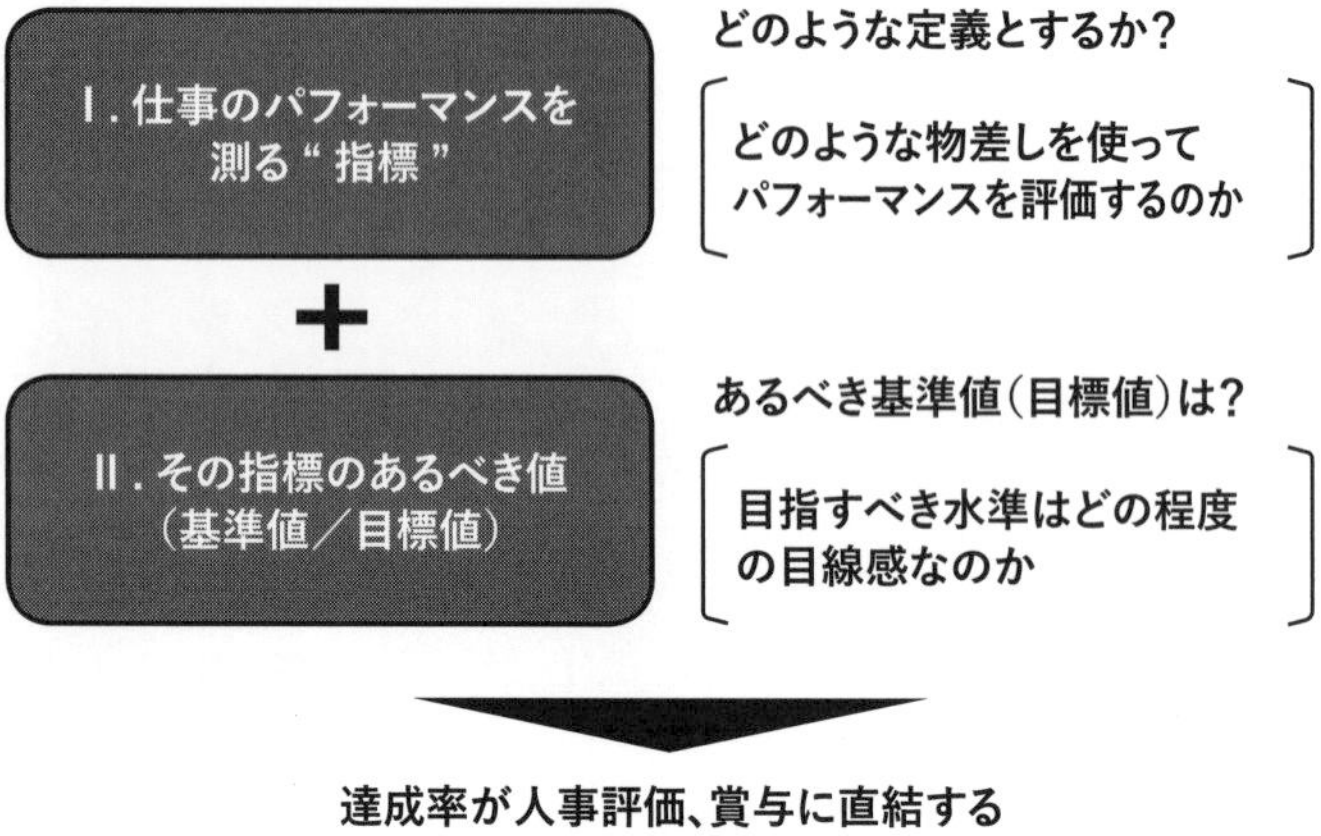

Ⅰ．仕事のパフォーマンスを測る“指標”

どのような定義とするか？

〔どのような物差しを使ってパフォーマンスを評価するのか〕

＋

Ⅱ．その指標のあるべき値（基準値／目標値）

あるべき基準値（目標値）は？

〔目指すべき水準はどの程度の目線感なのか〕

達成率が人事評価、賞与に直結する

て設定されます。さらに、海外では多くの場合KPIは賞与制度とも連動しており、定められたKPIの指標において、基準値に到達できず、悪いパフォーマンスを出した場合には賞与が削られ、大幅超過となれば高い賞与を得ることができます。

海外の会社員にとって、KPIは、自身の仕事の成果を測り、賞与に影響し、すなわち生活にも影響を及ぼす重要な指標なのです。そのため、海外の会社員はKPIで定められた指標につながる仕事に、大半のエネルギーを費やすのです。KPIにつながらない仕事は、頑張ってもよい人事評価につながらないため、KPIにつながらない仕事を行うことは時間のムダだと考えるのです。**KPIは、本来、あなたの仕事の質を評価し、あなたの人事評価と給与・賞与を左右するものなのです。**

KPIはリーダーの思い通りにチームメンバーを動かすための魔法の指標

KPIの設定（I．仕事のパフォーマンスを測る〝指標〟を定義し、II．その指標のあるべき値〈基準値／目標値〉を定めること）は、どんなに小さなチームでも行うことができます。KPIと聞くと、**大企業でしか使えないと考える人もいるかもしれませんが、そうではありません。KPIはどんなチームに対しても適用することができます。**そして、リーダーはKPIを用いてメンバーの行動をコントロールすることができます。

事例を示しましょう。あなたはレストランを経営しており、かつ、その店長で、採用した従業員に対してKPIを設定するとします。基準値とのかい離幅が大きいほど高い賞与を支払い、基準値に近ければ低い賞与を支払うと決めます。このようにKPIと賞与支払いを結びつければ、従業員のモチベーションを高めることができるのです。

また、ホール担当の従業員に対して、「出勤日の1日当たり平均売上高が50万円を超えたら賞与は通常よりも1割多く支払う。60万円を超えたら2割多く支払う」と定めたとします。ここでのKPI指標は出社日の1日当たり平均売上高です。すると、その従業員は、必死になって売上を増やすための行動をし、店舗の売上増加に貢献するでしょう。

また、調理担当の従業員に対しては、「料理に対するクレーム（出てくるまでの時間が遅い、異物が混入しているなど）が月合計で10件を下回れば、賞与を1割増しにし、5件を下回れば2割増しにする」と定めたとします。ここでのKPI指標はクレーム数です。すると、その従業員は、クレームを出さないように工夫をし、料理の品質向上につとめるでしょう。

もし、店長であるあなたが料理の提供時間の遅さを改善したいと考えているのであれば、平均提供時間を測定し、「平均提供時間が前月よりも20％短縮できれば、賞与を増やす」と定めたとします。すると従業員は提供時間を短縮するために工夫し、頑張ることでしょう。ここでのKPI指標は調理時間の短縮幅となります。

もし仮に、調理担当の従業員ではなく、ホール担当の従業員に対して、「料理に対するクレーム（出てくるまでの時間が遅い、異物が混入しているなど）が月合計で10件を下回れば、賞与を1割増しにし、5件を下回れば2割増しにする」と定めたとします。すると、ホール担当の従業員は異物が混入していないかなどをチェックすることに力を注ぐようになるでしょう。その代わり、客に対して、細やかな接客をすることや、売上を伸ばすための活動には力を注がなくなってしまいます。すると、料理は慎重に提供するが、売上拡大などの積極的な活動は行わないレストランへと変容していくでしょう。

KPIの設定の仕方次第で、チームメンバーをレストランにとってよい方向にも悪い方向にも動かすことができるのです。

このように、ＫＰＩを設定することを通じて、チームメンバーに最も注力してもらいたい領域を示し、その領域に集中するよう促すことができるのです。そして、チームメンバーの頑張りを明瞭な評価基準で評価し、賞与を支払えるようになるのです。すなわち、**ＫＰＩを用いれば、チームメンバーの行動をコントロールすることができてしまう**のです。

ここまでの話を踏まえて、読者の皆さんは、自分には賞与を決める権限がなく、チームリーダーとしては何もできないのではないかと考えたかもしれません。たしかに、チームリーダーが、独自の判断でＫＰＩと賞与を結びつけることは現実的には難しいかもしれません。しかし、チームリーダーとして、類似のやり方を行うことはできます。

チームリーダーは、ＫＰＩを既存の人事評価制度と結びつけることはできます。チームリーダーであるあなたが、**ＫＰＩを設定し、チームメンバーのＫＰＩの達成状況に応じて、人事評価を行えばよいのです**。この方法は、チームメンバーにとっても、ＫＰＩの達成度に応じて人事評価がされるため、「基準が曖昧」といった人事評価への不満を軽減することもできます。これを踏まえ、あなたのチームでもＫＰＩを導入するつもりで考えてみてください。

ＫＰＩと、賞与や人事評価を連動することで、形骸化しないＫＰＩができる

実際の経営改革の場でもＫＰＩは多用されています。ＫＰＩの設定事例を簡単に説明しましょう。

最も効率的なＫＰＩの導入方法は、インセンティブ賞与と連動したＫＰＩの設定です。私が携わった外国企業が日本の企業を買収した際に、その企業へ導入させた方法です。

買収当初、新親会社となった外国企業は、買収した日本企業の給与制度そのものを刷新したいと考え、ベース給与比率を大幅に下げ、賞与比率を増やすことを検討していました。しかし、検討の結果、既存の給与制度を変更することは買収直後のタイミングではふさわしくないという結論に達します。もし、給与制度の変更によって、買収前よりも従業員の給料が下がってしまうと、従業員の心が離れていってしまうことにつながりかねないからです。外国企業から派遣された役員は、「ベース給与が減り、賞与比率が高まるということは、頑張った分だけ従業員は賞与をもらえるのだからいいじゃないか」と最後まで主張していましたが、日本人的感覚を持つ日本人役員が、外国人役員を説得することで、既存の給与制度の変更は避けることになりました。その代わり、インセンティブ賞与という、これまでの**既存の人事評価や給与計算方式は崩さずに、ＫＰＩの基準値を達成した場合には、新たに付加的な賞与を支給する**という制度を導入すること

が決定されました。

なお、会社の利益が増加しない状況にもかかわらずインセンティブ賞与がもらえるような設計にしてしまうと会社にとって負担増になってしまうため、営業利益の増加につながるKPIを設定しました。そのKPIを達成したら、インセンティブ賞与が受領できるという関係を崩さない制度づくりを行うことになりました。

KPIは、チームメンバー各個人に対しても定めることができる

KPIというと全社レベルの経営指標と考える人がいますが、KPIはそれだけに限りません。チームメンバー各個人に対して個別に定めることができます。

KPIとは先にも述べましたが、Key Performance Indicator の略であり、パフォーマンスを評価するためのカギとなる指標のことです。**変化を見ていれば、対象となっている事業活動がうまくいっているのかどうかを、把握できる活動指標がKPIです。**

すなわち、全社レベルのKPI指標と、その基準値の達成状況を見ていれば、会社の事業活動がうまくいっているかどうかが判断できます。同様に、各部門レベルのKPI指標と、その基準値の達成状況を見ていればその部門が担っている活動がうまくいっているかどうかを把握するこ

来期予算数値とKPIの違い

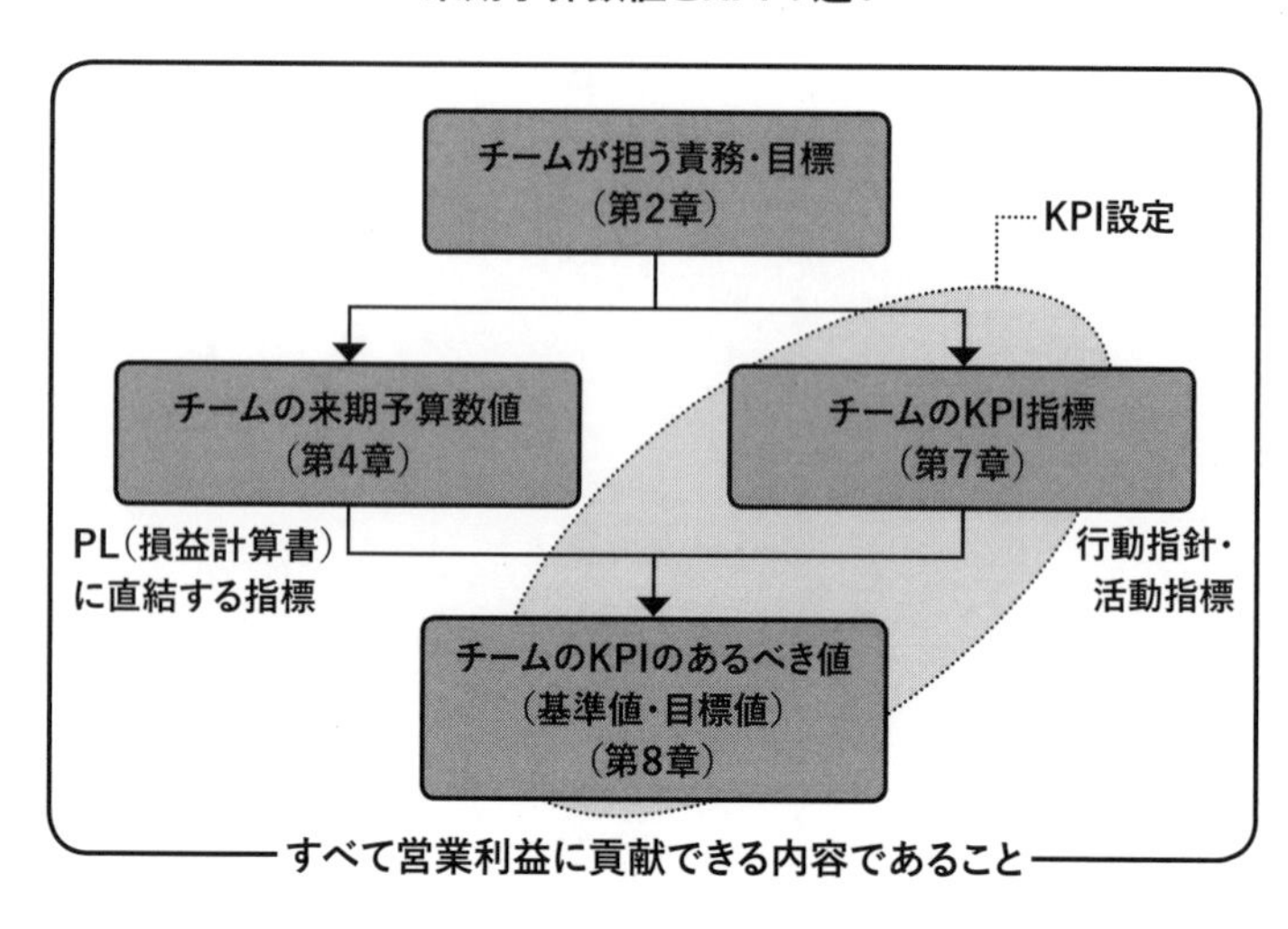

とができます。

同様に、チームメンバー一人ひとりが担っている活動に応じて、その状況を測る指標として、ＫＰＩを設定することができます。個人に対してＫＰＩを設定し、達成状況を見ていれば、その個人がうまく活動ができているかどうかを把握することが可能です。

本章で説明するＫＰＩとは何か、改めて補足します。第４章で述べた来期予算数値とは異なるものです。ＫＰＩとは、来期予算数値を達成するために行うべき〝活動（行動指針）〟を明らかにするものです。営業利益に直結する、ＰＬ上の数値が来期予算数値と考えてください。

営業利益に直結する**来期予算数値は結果指標**であり、本書で定義する**ＫＰＩはそれらの原因指標かつ活動状況を表す指標**であると考えると、よりわかりやすいと思います。

１８８ページの図で示したとおり、行動指針・活動指標という意味での「ＫＰＩ指標」と、その指標の「あるべき値（基準値、維持しなければならない数値基準）もしくは、目標値（定められた期間内で実現を目指す数値基準）」を合わせて「ＫＰＩの設定」と呼んでいます。

問題

あなたが、よりモチベーション高く働けるのはどちらでしょうか

一、上司から褒められること、上司が飲み会でおごってくれること

二、明確な目標数値が定められ、目標達成した際には、インセンティブ賞与や高い人事評価を受けられること

一番も悪い気持ちにはなりませんが、多くの人は二番を選ぶのではないでしょうか。上司が世話を焼いてくれるのもうれしいですが、それよりも、わかりやすい目標水準と達成時のインセンティブ賞与や高い人事評価が約束されているほうが、モチベーション高く働けるのではないでしょうか。その他の業務は手を抜き、定められた目標数値を達成するために必要な活動に、あなたの働く時間を費やすのではないでしょうか。

もし、あなたがこのように思うのであれば、チームリーダーであるあなたも、チームメンバーに対し二番を提供すべきなのです。プロリーダーは二番を仕組みとして整備することに力を注ぎます。これでチームメンバーのモチベーションと行動をコントロールするのです。この仕組みこそ、本章で説明するＫＰＩの基準値（目標値）とインセンティブ賞与や人事評価なのです。

真実⑦

アマチュアリーダーは、
部下の心をつかみ組織を動かす
プロリーダーは、
KPIとインセンティブを連動させて
チームをコントロールする

経営改革の事例7

KPIは経営者だけのものではなかった

チームリーダーが、KPIを作成することに

再びC社の事例に戻ります。

新経営企画部長のケリー氏は、エドワード氏からC社でKPIを設定したいと伝えられます。

エドワード氏「C社全体にKPIを使ったインセンティブ賞与制度を導入したい。まずは、経営企画部が中心となり、各部のKPIのサンプルを作成して、KPI基準値（目標値）と実績のかい離幅に応じたインセンティブ賞与を順次導入してほしい。各部門長、各課長、チームリーダーやそのメンバーにもKPIとインセンティブ賞与を適用したい。

ただ、日本人の従業員たちは、そもそもKPIとは何かという定義を曖昧に認識しているようだ。KPIという言葉から連想するものが、それぞれの従業員で異なるようだ。まずは、C社社内におけるKPIの定義や、どのような目的でKPIを設定するのかを、きちんと部門長たちに

Month 9

説明する必要があるだろう。その上で、KPIを使ったインセンティブ賞与制度を導入することに同意してもらいたいと思う。

ケリーの率いる経営企画部が中心となって、これらのプロセスを進めてもらいたいと思っている。各部門長を巻き込んで進めることになると思うから、スケジュールをきちんと考えて進めてほしい」

ケリー氏「承知しました。準備させていただきます」

KPIの導入は全社従業員の行動指標となり得るため、重要かつ大変な仕事です。間違ったKPIを定めると、従業員は予期せぬ活動をしてしまいます。しかし、ケリー氏はKPIの設定を行うのは初めての経験ではありませんでした。ケリー氏は、C社で働く前、前職でも同様にKPIを設定する経験を積んでいました。そのため、今回のKPI導入はケリー氏自身も自信をもって統括していくことができそうです。ケリー氏は、KPIの設定に着手するため橋本氏に声をかけます。

橋本氏「KPIの設定を行い、その基準値とのかい離幅に連動したインセンティブ賞与制度を導入するとおっしゃいますが、C社には、人事規程も給与規程もすでに存在しています。賞与も従業員に対してきちんと支払っています。わざわざ新しい制度を導入する必要があるのでしょうか。各従業員の目標管理は、各部門長が適切に行っています。従業員のモチベーションについても各部門長がうまくコントロールしてくれています。従業員が目標とすべき指標が増えて、仕事が複雑になるのは、従業員が嫌がるのではないでしょうか。果たして部門長も納得するでしょうか。正直、私自身も手間をかけて新しい制度を導入することの必要性がよくわかりません」

ケリー氏「煩雑な制度を新たに設定するのは避けたいという気持ちもよくわかる。でも、私はこれはC社従業員にとってもよいことだと思っているのだ。

橋本さんは前向きではないようだが、私から橋本さんに質問させてほしい。今のC社では、従業員のモチベーションや、やる気はどのように引き出しているのだろうか。よい成果を出した従業員に対しては、どのような形でねぎらっているのだろうか。今回、我々がやろうとしているKPIの設定とインセンティブ賞与はあくまで既存の仕組みに上乗せされる追加的な賞与設定となる。今回の買収や今後の経営改革によって各部門長や従業員は苦労を強いられるでしょう。今後様々な経営改革をするにあたり、これまでよりもたくさん残業をしないといけない場面も出てくるでしょう。経営改革で大変な今後数年間を乗り越えるために、従業員に対してインセンティブ賞与でねぎらいたいと考えているのだよ」

橋本氏「今は、各部門長やチームリーダーが、部下への教育や深い人間関係を構築することで、仕事に対するモチベーションをコントロールしています。各部門長はよい成果を出した従業員に対しては、高い人事評価をつけていると思います。しかし、現実的にはよい成果を仮に出して高い人事評価を得たとしても、実際の年収はほとんど変わりません。

各個人の業績評価の賞与反映は限定的ですし、高い人事評価を得たからといって昇格が早まるわけでもないのが現状の制度です。ケリーさんがおっしゃるとおり、高い成果を出した従業員をねぎらう仕組みは現状の制度では、不十分かもしれません」

ケリー氏「そうなのだよ。既存の制度では、高い成果をあげた従業員に対して、それをたたえるような制度にはなっていないと感じているんだ。高い成果に対してきちんと高い人事評価を行ったり高い賞与を渡すことでメンバーを鼓舞することは、行っていないでしょうし、そのような制度にもなっていないと考えている。**これまでC社はKPIやそれに連動した賞与や人事評価などの仕組みや制度ではなく、上司が部下と会話をし、飲みに行くといった人間関係で部下のモチベーションをコントロールし、動かしていたと思う。このことは決して悪いことではなく否定しない。ただ、それでは、各上司の裁量に頼ってしまう形となっており、会社組織としては問題があると思うのだ。**

例えば、もしそのような上司が異動になったら、新しい上司は、もう一度いちから人間関係の構築を始めないといけなくなってしまう。**今は従業員のモチベーションを高めることが仕組みや制度になっておらず、人間関係に依存しすぎている。**もし、今の上司が異動になったらその部下のモチベーションをコントロールできなくなるということでしょう。これは、会社としてのリスクは高く、この現状は一刻も早く打開する必要があると思う。KPIによるインセンティブ賞与という新しい制度を早く導入することで、仕組みによって従業員のモチベーションの高さを維持できるようにしておきたい」

ケリー氏と橋本氏のこのようなやりとりの結果、KPIとインセンティブ賞与を付与することになりました。

ケリー氏は、自ら各部門のKPIの指標案と、各指標の基準値を作成します。その上で、基準値の達成状況に応じたインセンティブ賞与の計算式を作成しました。

ケリー氏が各部門のKPI作成時に最も意識したのは、営業利益に結びつく事業活動をKPIの指標とすることです。ケリー氏は、各部門長へヒアリングを行い、各部門の中核業務を把握しました。その上で、ムダな事業活動が各部門で推進されることがないよう、本来この部門が達成すべき責務は何なのか、来期予算数値を達成するためにどのような活動を強化していく必要があるのかを各部門長と議論しながら、KPIの指標案を作成しました。

その後、ケリー氏は、経理部長と賞与計算のシミュレーションを行い、インセンティブ賞与が支払われても業績影響は軽微であることの確認をします。最後に、エドワード氏から各部門長へ説明し、各部門のＫＰＩとそれに連動したインセンティブ賞与制度の導入に同意してもらうというプロセスを取りました。

プロリーダーの思考術7

KPIならば、ラクにチームをコントロールすることができる

近年、「KPIではうまく組織が動かない」「KPIの考え方は古い」といった論調がありますが、**これは会社の経営改革を行った経験がない人が言うことです。**企業再建の専門家や、会社の**経営改革を成し遂げたプロリーダーは、皆KPIを活用しています。**

KPIはただ単に、〝達成できたらうれしい目標数値〟ではない

「①KPI設定があれば、会社の利益の増減の原因を把握でき、事業活動がうまくいっているかをすばやく把握できる」とともに、「②KPIによって、チームメンバーの活動をコントロールでき、かつ公平にインセンティブを与え、モチベーションを高めることができる」のです。

①ＫＰＩ設定があれば、会社の利益の増減の原因を把握でき、事業活動がうまくいっているかをすばやく把握できる

これについては、日本のリーダーにも広く知られていることですので、簡単に解説します。会社の業績が悪化している時に、ＰＬ（損益計算書）を眺めていても具体的に何が悪かったのか、どう改善していけばよいのか把握することはできません。**チームの成果がうまく出ない時に、結果指標である売上高や営業利益のみを見ていても、どのように改善行動をとればよいのかが見えてくることはありません。**

Point!

チームの成果が出ない時、どう改善すればいいのかを示してくれるのがＫＰＩの本当の役割

レストランを例に考えてみましょう。直近、レストランの営業利益が減少していることに気づいた店長は、この業績悪化傾向を改善したいと考えています。しかし、ＰＬから把握できたことは、費用が増加傾向であり、売上高は減少傾向であるということだけです。ＰＬからは、売上が減少傾向にある背景・理由や、顧客の変化を解明し改善活動を考えることができませんでした。

しかし、もしこの店長が「客単価」「客数」「顧客回転数」などの指標をKPIとして設定し、毎日確認していたとしましょう。すると、例えば客単価や顧客回転数は以前と変わっていないが、客数が減少傾向であることに気づけるかもしれません。さらに、この店長が会員カードを発行しており、「リピート顧客比率」をKPIの指標として用意していれば、客数減の原因はリピート顧客が減少しているためだと気づくことができたかもしれません。このレストランが、これらのKPIを事前に設定していれば、経営改善に必要なアクションが明確になり、すぐにリピート顧客の再獲得に向けたプロモーション活動に取り組むことができます。

このように、事業活動の状況把握に必要なKPIを事前に設定しておくことで、**チームがうまく成果を出せていない時には、このKPI指標から、原因と解決のために取るべきアクションを把握できるようになる**のです。

②KPIによって、チームメンバーの活動をコントロールでき、かつ公平にインセンティブを与え、モチベーションを高めことができる

プロリーダーはKPIの設定はチームを管理するために不可欠だと知っています。プロリーダーが、KPIは優れたツールだと考える理由は、『②KPIによって、チームメンバーの活動をコントロールでき、かつ公平にインセンティブを与え、モチベーションを高めことができる』からです。

ＫＰＩは「目標水準明示」「行動指針設定」「評価基準」の機能を同時に持っているという点が、プロリーダーに支持され、実際の経営改革の現場でも利用される背景なのです。

「目標水準明示」は自明ですが、ＫＰＩの基準値（目標水準）を定めることで、基準値にどれだけ近づくことができるのか、もしくは基準値をどれだけ超えることができるのかを明らかにすることができます。すなわち、どの程度高い成果をあげるべきか、目指す水準の高低を測る指針となります。

「行動指針設定」は、ＫＰＩの指標を定める過程で、経営者が従業員に期待することや、最も重要視していることが何かを示すことにつながります。

例えば、営業チームに対して、「新規顧客訪問○社」というＫＰＩを誤って定めてしまったとしましょう。すると、これまで良質な顧客を厳選して訪問していたチームメンバーや、既存の優良顧客への訪問を重視していたチームメンバーまでもが、これまでやっていたことをやらなくなり、どんな顧客でもいいから新しい顧客を訪問し、数を稼ぎにいくでしょう。なぜなら、営業チームのメンバーにとっては、〝新規顧客の訪問数が多いほどＫＰＩの基準値を達成し賞与がよくなる〟からです。既存の優良顧客に時間を割いても、賞与増にはつながらないというメッセージをKPIが発してしまうため、このようなKPIの設定は誤っているということができます。
また、同様に営業チームに対して「一人当たり売上高〇円」というKPIを設定してしまったら、多額の接待費用を使って売上拡大を図るチームメンバーを生んでしまいます。なぜなら、〝売上高が高ければ賞与がよくなるが、経費を気にする必要はない〟、という誤ったメッセージを送ってしまうからです。〝どんなに多額の経費を使っても構わないから、高い売上高を目指してくれ〟というメッセージになります。多額の経費を使ったメンバーも使わなかったメンバーも、売上高が同じ金額であれば受けとれるインセンティブ賞与は変わらないためです。

この営業チームに「一人当たり営業利益〇円」というKPIを設定した場合はどうでしょうか。〝とにかく利益を出してくれれば方法は問わない。新規顧客を獲得することで利益を上げるのか、既存顧客から利益を上げるのか、そのバランスは問わない。多額の接待費を使って大きな売上を上げるのか、少ない経費で売上を上げるのか、そのバランスは問わない。とにかく営業利益を獲得することが最も重要である〟というメッセージを発することになります。バランスの判断は営業チームやそのメンバーに委(ゆだ)ねられたことになります。

また、もし、この営業チームにおいて、〝既存の顧客も大事にしつつ、将来の成長のために新規顧客も獲得してほしい〟というメッセージを発したいなら、この営業チーム対して設定するK

ＰＩは、「一人当たり営業利益○円」＆「今期獲得の新規顧客が売上に占める比率○％」といった組み合わせＫＰＩになります。また、「一人当たり営業利益○円」＆「そのうち、新規顧客分営業利益○円」といった組み合わせでも同様のメッセージ効果を期待することができます。

このように、**ＫＰＩは、従業員に何に重点を置いて仕事をすべきかについてのシグナルを送り、従業員の行動も変化させてしまう力を持っている**のです。そのため、ＫＰＩは慎重に検討され、場合によっては複合的な組み合わせで設定されるべきなのです。

「評価基準」の意味を持っているのがＫＰＩです。多くの日本企業の人事評価は、スキルセットや頑張って精力的に業務に取り組んだことを評価する仕組みとなっています。言い換えれば、曖昧で定性的な上司のさじ加減で、評価を変えられてしまう仕組みです。一方、ＫＰＩを使うと人事評価の曖昧性を排除することができます。ＫＰＩの指標の定義と、その基準値をきちんと定めることで、仕事の善し悪しを測る基準が明確になります。

さらに、ＫＰＩの基準値とのかい離幅を、そのまま人事評価基準として利用すれば、曖昧性のない客観的な人事評価が可能となります。チームメンバーにとっても公平であり、チームメンバーは不満を持ちにくくなります。先述のようにＫＰＩには、どのような仕事に対してどの程度頑張ってもらいたいかというメッセージがすでに含まれているため、実質的に既存の人事評価基準とも大きく変わることはありません。ただ、定義と基準値を数字で明確に定めることで、チームリーダーにとってもチームメンバーにとってもフェアな仕組みをつくることができるようになるのです。

このように、KPIの設定と、インセンティブ賞与を組み合わせることで、チームリーダーはチームをこれまでよりもコントロールできるようになります。

なお、会社の評価制度や賞与制度を変える権限を持っていないチームリーダーは、KPIの設定をし、それをなんらかのインセンティブと結びつけるという考えを持つことが重要です。

Essence

どんな能力のチームメンバーを率いたとしても、個人の業務に対しKPIを設定し、評価に連動させることで、チームメンバーをコントロールすることができる

KPIの役割

プロリーダーの思考	アマチュアリーダーの思考
✓KPIにより会社の利益の増減の原因を先行して把握でき、事業活動の浮き沈みを素早く察知できる ✓最も従業員の活動をコントロールしやすく、かつ公平にインセンティブを与え従業員のモチベーションを高めることができる ・目標水準明示 ・行動指針設定 ・評価基準	✓単なる経営管理指標
▼	▼
業績悪化を食い止めるための必要なアクションを発見できる **上手く設定すれば、チームメンバーの活動を操ることができる**	KPIを作ってもチームメンバーの活動に何の影響も及ぼさない

明日からの実践7

KPIは会社や部署のためだけではない。チームメンバー個人に対しても設定できる

ここでは、チームリーダーであるあなたが、自分のチームメンバーをコントロールするためにどのような手順で、メンバー個人に対してKPIを設定すればよいかを説明します。

チームメンバーを管理するリーダーだからこそ、KPIを設定する権利を持っている

次ページに188ページの図と類似の図を示しましょう。チームリーダーであるあなたがチーム全体のKPIを設定し、その次にチームメンバー個人のKPIを設定する方法です。

メンバー個人のKPI設定

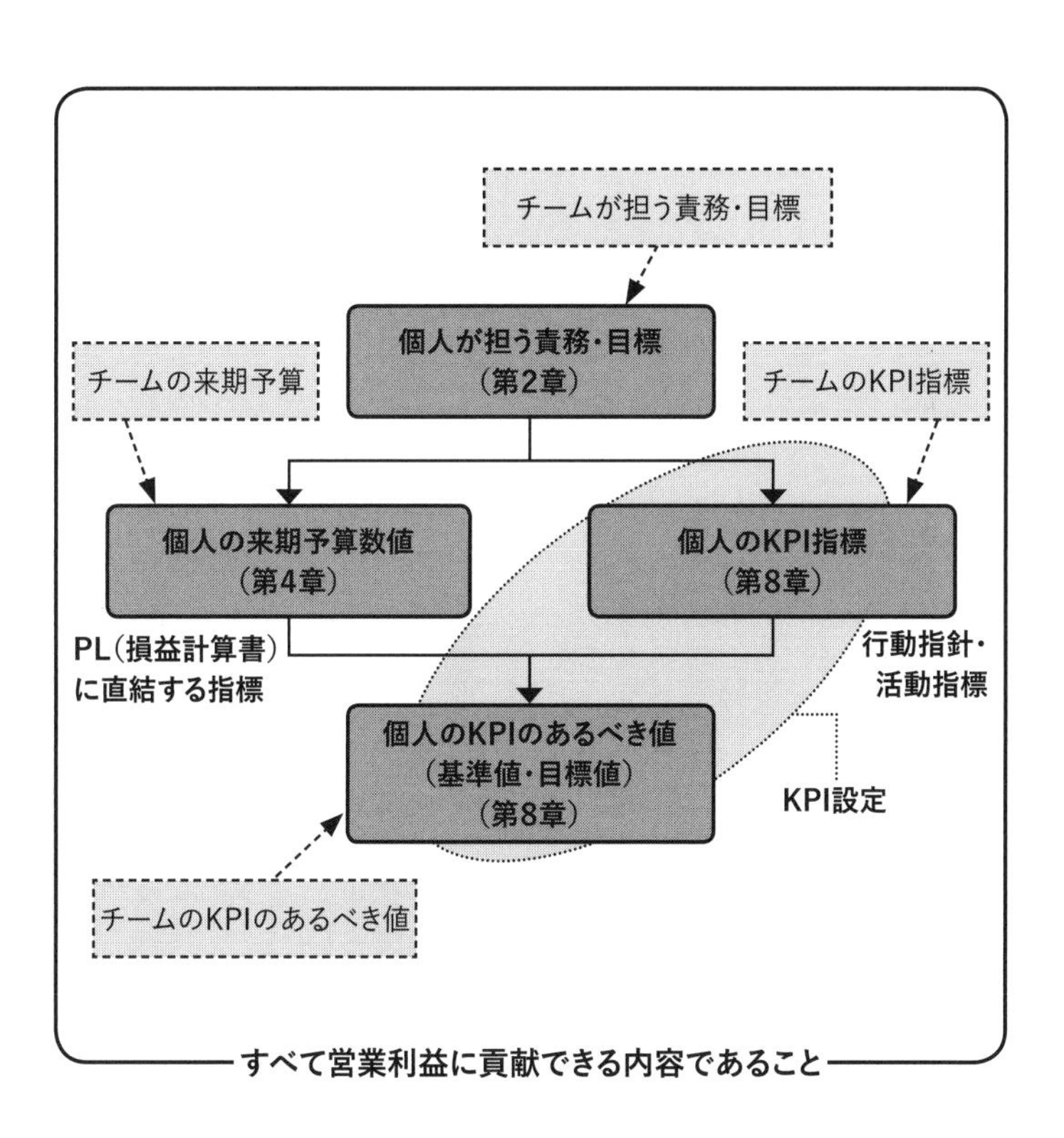

（ステップ1） リーダーとしてのあなたのメッセージをKPIに込める→チーム全体のKPI作成

チームリーダーであるあなたは、第2章、第4章で説明したとおり、チームが担う責務・達成すべき目標と、チームの来期予算数値を作成してきました。これらを用いて、まずはチーム全体のKPI指標を何にするか検討します。繰り返しになりますが、KPIは日々の活動の中で、「この指標さえ注視していれば、チームの成果の善し悪しがわかり、かつ成果が出ない際にはどう改善すべきかまで見えてくる指標」である必要があります。チームリーダーであるあなたが選ぶKPI指標次第で、チームの活動の方向性が決まってしまいます（具体的なKPI指標の例は第8章で説明します）。

チーム全体のKPI指標を決めたら、次に、基準値を定めます。これは基準値であるとともに、〝この基準を満たすために活動をしよう〟という目標値の意味もあります。

基準値は、昨年までの実績や、第4章で検討したチームの来期予算数値を参考にして設定します。来期予算数値を達成するためには、KPI指標として定めた指標を、どの程度実現している必要があるのか数値基準を検討します。

例えば、レストランにおいて、来期の店舗売上高の目標が1・2億円だったとしましょう。すると、この売上目標に達するためには、客単価2000円、客数年間計6万人（週当たり1150人）を満たす必要があると計算できます。KPI指標が「客単価」と「客数」だとすると、KPIの基準値は、客単価2000円、客数年間計6万人（週当たり1150人）となるのです。

ちなみに、レストランにおいては、費用の支出を抑えるという観点から、費用に関するKPI指標も定めるとよいでしょう。例えば、原価率をKPI指標とすることも考えられます。

（ステップ2）あなたがチームメンバー個人へ指示したいことは、KPIに込める→メンバー個人別のKPI作成

次に、メンバー個人に設定するKPIについて考えます。ステップ1でチームに関して考えた項目を、さらにメンバー個人に適用すべく、分解します。チームのKPI指標や基準値をベースに、個人の担う役割に応じて、定義や基準値を縮小します。

引き続き、ステップ1と同じレストランの例で考えてみましょう。ステップ1で客単価2000円、客数年間6万人というKPI指標の基準値を定めました。ここからはさらにこれを分解していきます。

この店では、店長は平日は出勤せず、代わりに2人の副店長が平日は店舗を管理していたとします。レストランを拡大するために、売上高拡大に向けて副店長に努力してもらいたい場合は、

「客単価」と「客数」をKPI基準とすることができます（「売上」＝「客単価」×「客数」）。副店長のAさんが月～水曜日担当、もう一人の副店長のBさんが木・金曜日の担当だったとします。その場合は、Aさんに対して設定されるKPI基準値は月～水曜日客単価2000円、月～水曜日客数年間計約2万6000人（年間客数6万人÷3／7÷52＝週当たり約500人）になります。Bさんに対して設定されるKPI基準値は木・金曜日客単価2000円、木・金曜日客数年間計約1万7000人（週当たり約330人）となります（週末の客の増加影響はここでは考えないものとします）。

また、ホール担当の従業員に対しては、顧客回転数をKPI指標として定めるとしましょう（「客数」＝「座席数」×「顧客回転数」）。もしこのレストランが50席であれば、営業時間中に約3・3回転することを基準値として定めることができます（客数年間計6万人÷365日＝164人、164人÷50座席＝約3・3回転）。

また、調理長に対しては、レストランの利益率を高めるため、ムダな調達を避けたり、より安い代替食材の利用を促すために、食材の廃棄率や対売上高食材原価率を、KPIの指標として定めることができます。

レストランを率いるリーダーは来期予算数値で設定したとおり、今年よりも高い営業利益額を目指したいと考えているはずです。ここでのポイントは、**目標とする営業利益額を、メンバー個**

人の責任範囲に応じて、売上高と費用のKPI指標に分解したということです。売上高に関係するKPI指標を副店長とホール担当従業員に割り当て、費用に関する指標は調理担当へ割り当てました。また、売上高に関しては、それぞれのメンバーの仕事の責任範囲に応じてさらに分解しています。

チームリーダーであるあなたが、チームメンバー個人のKPI指標と基準値をつくる時もこのレストランの例と同様です。チームの来期予算数値やそこから考えたチームのKPI指標、基準値（目標値）を基に、チームメンバー個人の責任領域に応じて分解していけばよいのです。

第8章

正しく部下の評価をするために、リーダーが持つべき考え方とは？

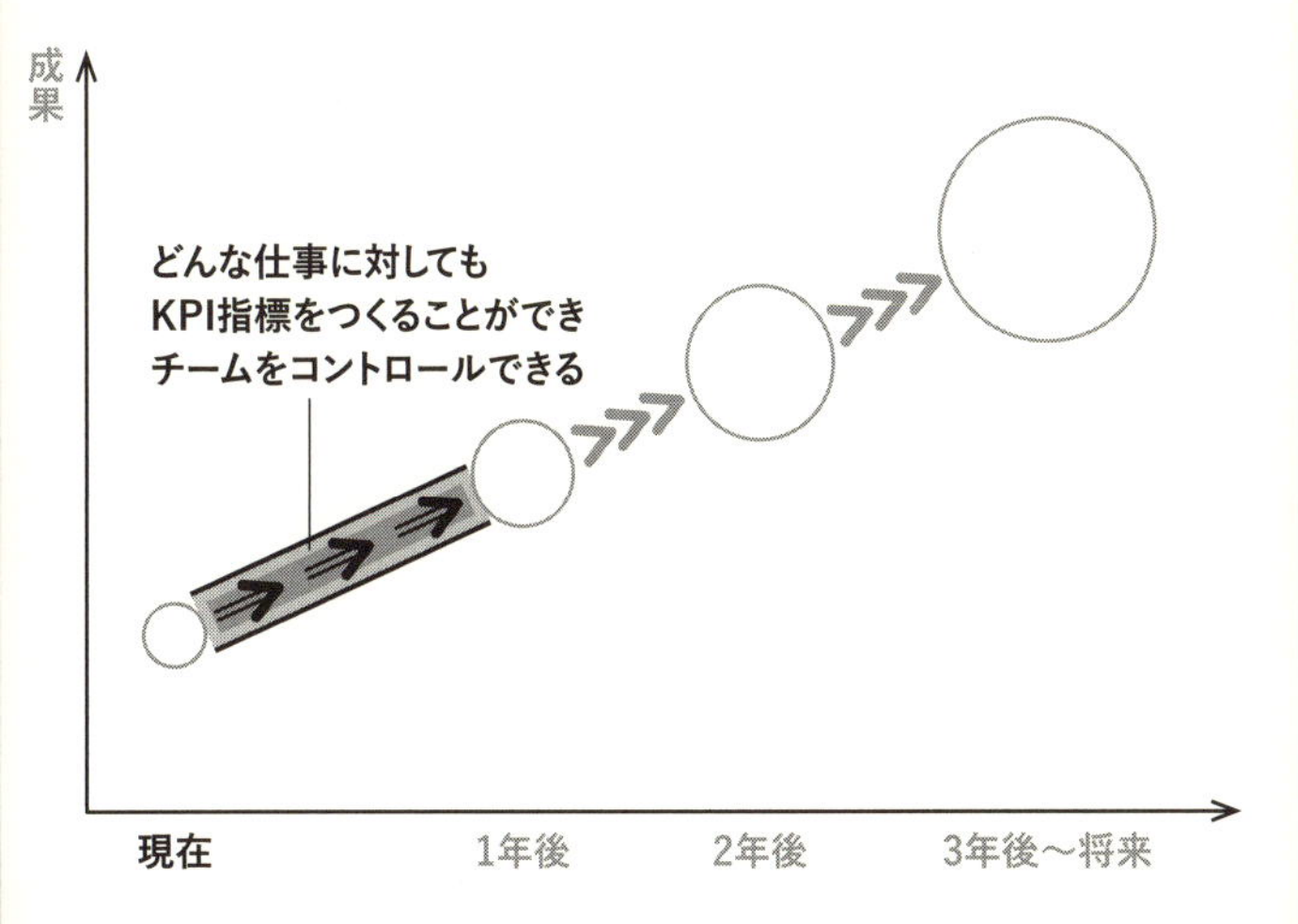

問題

あなたの男性の友人を一人思い浮かべてください。その友人が、どの程度、人間として素晴らしいか数値で表してください

〝人間の素晴らしさを数値で表現できない〟と思ったあなたは、アマチュアリーダーです。

多くの人は、人間を数値で評価するなんてできないと言います。しかし、本当にそうでしょうか。信用数値、年収、SNSのいいねの数、婚活サイト上の評価点数など、様々な数値が人間を評価する指標として存在しています。一見、数値では評価できないと思われるあなたの男性の友人についても、指標の定義に基づいて数値化し、世の中の他の人間と比較して相対的に素晴らしいか素晴らしくないかを評価することができてしまいます。

また、求めている環境やゴールに応じて、その男性の友人を評価するのに適した指標が変わってくることを説明することもできます。

あなたの男性の友人は30歳になるまでに結婚をしたいという目標を持っており、あなたはその

ことを知っていたとします。あなたが、独身の女性にその男性の友人を紹介する際には、婚活サイト上の評価点数が高いことや年収の情報を中心に説明するでしょう。あなたから男性の紹介を受けたその独身女性は、初めてその男性と会うか否かを判断する際に、それらの評価点数や年収で判断するかもしれません。また、結婚願望が高いその男性の友人は、婚活サイト上の評価得点や年収を上げるために必死に努力していることでしょう。

別の例で考えてみましょう。もし、その男性の友人が不動産投資をすることが好きで、30歳までに自分が所有するアパートを持ちたいという目標を持っており、ローンを組みたいと考えていたとします。あなたが知り合いの銀行員にその友人を紹介する際には、婚活サイト上での評価点数を用いてその友人を銀行員に紹介することはもちろんありません。信用度数や年収を説明し、その友人を紹介するでしょう。また、ローンを組みたいと考えているその友人も、信用度数や年収を上げるために努力するでしょう。婚活サイト上の点数を稼ぐことには時間を使わずに、ローンを借りられるように信用度数や年収を上げることに邁進するでしょう。

このように、**一見、数値化するものが不可能だと思われるものでも、数値化し評価することができるのです。また、その数値化の観点や定義は、その時々のその人が置かれている状況にふさわしいものがあるはずです。そして、その指標を高めることが重要でメリットがあると、その人**

が理解すれば、その数値を高めるために自ら努力を始めるのです。

実は、ＫＰＩもまさに同じ考え方をします。一見、数値では評価ができないと思われるようなチームメンバーの業務の善し悪しについても、必ずなんらかの指標を定義して数値で評価をすることができます。また、どんな指標を設定するかは、**リーダーがどのような観点でそのチームメンバーに仕事を頑張ってほしいかによって決定します。同じ業務をしている人間に対しても、会社やチームリーダーが求めるものによって、その時々で設定すべきＫＰＩの定義は変化する**でしょう。

本章では、ＫＰＩ指標の作り方を説明します。

真実⑧

アマチュアリーダーは、
自分の仕事の頑張りは数値で測れないと言う
プロリーダーは、
どんな仕事でも数値化し、
KPIでコントロールできると知っている

経営改革の事例8

会社のあらゆる仕事に対してKPIが設定されることに

再び、C社の事例に戻ります。C社ではケリー氏のおかげで、各部門のKPI作成と、KPIと連動したインセンティブ賞与制度を無事に導入することができました。すでに、給与規程上の賞与に関する取り扱い変更も完了しています。無事に完了することができたわけですが、KPIの指標を作成する過程で、ケリー氏と橋本氏の間で行われていた議論について、少し詳しく紹介しましょう。

橋本氏「ケリーさん、KPIが大事であることと、その有用性はよくわかりました。また、**KPIは指標と基準値（目標値）で構成されており、パフォーマンスを数値で表現し、仕事の善し悪しを測る指標であることも理解**しました。

しかし、私には疑問があります。営業部に対して設定するKPIはとてもわかりやすいかもしれませんが、**管理系の部門や技術系の部門のKPIの指標や基準値（目標値）はどう設定すれば**

よいのでしょうか。例えば、経理部や、研究開発部、知的財産部はどうすればよいのでしょうか？　ＫＰＩを設定することが難しい部署や業務があるのではないですか」

ケリー氏「**ＫＰＩはどのような業務にも設定することができる。**もし、橋本さんが迷われるのだとしたら、それは橋本さんの考えがまだ深まっていないということだ。ＫＰＩは、チームの活動がうまくいっているかどうかを把握するために活用すると説明したね。そしてＫＰＩはそのチームのコアとなる活動に設定すべきだと説明したね。なんらかの業務を行っている以上、必ずそこにはその担当部門や担当者にとってコアとなる業務活動があり、その活動の成果には浮き沈みがあるはずなのだよ。つまり、会社の中で、チームがなんらかの業務活動を行っている以上、必ずＫＰＩを設定できる観点があるはずなのだ。それを考えてみてほしい」

橋本氏「チームや個人がどのようなコアの業務活動を行っていて、これまでその部門や個人をどういう目線で評価していたかを振り返れば、何かアイデアが出てくるかもしれませんね」

ケリー氏「そのとおり。私の案を少し説明しよう。まずは、毎期、同じ業務を繰り返し行っている部署についてどうＫＰＩを設定すべきかだ。これらの部署は、日々決まったことを正確に実行することが期待されているでしょう。例えば経理部では、毎月末にその月の決算を締め、また、四半期や1年ごとにグループ連結の財務諸表〈PL、BS〈貸借対照表〉、CF〈キャッシュフロー計算書〉〉作成などを、毎回同じルールに従って、正確に実行することが求められている。

経理部門に限らず、毎期同様の業務を繰り返し行う部署は、常に正確な仕事を繰り返し行うことを求められているはずだ。このような部署においては、正確性が業務の肝となる。すなわち、**管理系部門の業務に対しては、正確性を測るKPIをつくればよいのだよ。ここでの〝正確性〟とは、必要なタイミングで、決められた期限内に、決められた業務をミスなく完遂するという意味だ。**

遅延を出さずに、もしくは当初予定されたとおりに実行できた頻度〈パーセンテージ〉、ミスを発生し手戻りした頻度をKPIの指標として定めればよいのだよ。また、もし、日々繰り返し業務を担当するチームに対して、さらなる自発的な活動を期待するのであれば、昨年度よりもミスが減った減少幅や、定められた期日よりも短縮して完了できたという作業時間の短縮幅なども、追加のKPI指標として定めればよいのだよ。そして、その短縮幅を高く評価してあげればよい」

橋本氏「なるほど、たしかにそうですね。研究開発部門はどうですか」

ケリー氏「たしかに、研究開発部門のKPI検討が最も難しい。ただ、研究開発部門では、当初の研究プランからの遅延発生幅や、研究開発した技術の製品への利用率などが使えるかもしれない。**研究開発部門に対するKPI指標を検討する際に、注意すべきポイントがあると思う。研究開発部門は、他部門からの影響を受けがちだから、他部門の動きに起因して研究開発部門のKPIが影響を受けないような内容にする必要がある。**

例えば、当初予定よりも製品開発が遅れたか否かをKPIで評価するとしよう。ただ、製品開発の後半は、どの材料を利用すると最も安価に製造できるかなど、調達製造部門と共同で検討することが必要となるだろう。調達製造部門が要因で遅延した分が、研究開発部門のKPIに影響しないようにKPI指標を定義に作り込む必要があるのだよ。そのため、この場合は、研究開発部門が他部門からの影響を受けずに、自身の力で進捗管理できる範囲をKPI指標とするのがポイントだ。だから、研究開発プロセスの前半のみに着目する必要があるのだよ」

橋本氏「なるほど、わかりました。それでは、研究開発部門に対して設定するKPI指標として、対売上高研究開発費率はいかがでしょうか」

ケリー氏「たしかに、対売上高研究開発費率はよく見るね。これは、会社全体で業績を確認するための指標としてはよいかもしれない。ただ、研究開発部門の、ましてや、研究開発部長のインセンティブ賞与に連動するKPIということであれば、C社の場合はあまり適した指標ではないよ。

C社においては、営業部が製品ごとにプロモーション戦略を考えるだろう。その場合、製品売上高は、営業部の判断の影響を受けてしまう。そうなると、対売上高研究開発比率の母数である売上高については、研究開発部長がどんなに努力しても、増減を自身の努力でコントロールできるものではなくなってしまう。**KPIの対象者が、自身の権限や責任範囲が及ばないために、どんなに自身の仕事を努力してもコントロールすることができない指標は、その人に対するKPIとしてはふさわしくない。また、その人自身の権限や責任範囲を超えているために、具体的な改善活動を想像することができない指標もふさわしくないのだよ**」

橋本氏「そうですね。会社として重要な指標と、チームやチームメンバー個人に対して設定するKPI指標は同じではないですね。あくまでも、**対象となるチームやチームメンバーの業務活動に寄り添ったKPI指標を検討することが大切**なのだとわかりました」

このように、ケリー氏と橋本氏は会話を交わし、KPIはどのような部門や業務に対しても設定可能であることを確認しました。ただ、橋本氏は、ケリー氏に再び質問します。

橋本氏「KPI指標の設定の仕方はよくわかりました。それでは、KPIの基準値（目標値）

の設定はどのように行えばよいのでしょうか。今回は、インセンティブ賞与と結びつけることになりますので、基準値の設定次第で賞与金額が増減してしまいます。例えば基準値を低く設定しすぎると、大幅に基準値を超えた成果を出した人には、会社として多額のインセンティブ賞与を支払うことになってしまいます。ですので、基準値の設定はとても慎重に行うべきだと思うのですが、どのようにすれば、会社にとってもチームメンバーにとっても納得できる基準値を決めることができるのか、いまひとつわかりません」

ケリー氏「基本的には、**来期予算数値を参考に、基準値を設定する**のがよい。もし、来期予算数値とは明確につなげることができないKPI指標がある場合には、**昨年度の状況を考慮して、昨年度と同じ水準を維持することを目指し、基準値とするのか、昨年度よりも増やす、もしくは減らすことを目指し、昨年度水準から変化をさせた基準値とする**のかを判断検討し、決定する方法がある」

橋本氏「なるほど、基準値については、いろいろな決め方があるのですね」

C社の各部門のKPI指標と各KPIの基準値は、このような会話を踏まえて、決定していきました。

プロリーダーの思考術8

仕事の質に善し悪しが存在するならば、その仕事に関して、必ずKPIをつくれる

あなたのチームの仕事のうち、営業利益の貢献につながる業務活動は何か答えられますか？答えられない人が、どんなにKPIの指標をつくろうと考えても、正しいものは決してつくれない

ケリー氏と橋本氏の会話の中にあったように、ＫＰＩはどのような部門やどのような業務においても設定することができます。ただし、２人の会話でも述べられていたように、新たに設定した**KPIが分析指標としては有用であったとしても、このKPIの対象となる人が、自身の努力で改善することができる活動と紐づけていなければ、それは単なる指標であってKPIとはなり得ません。KPIは、チームのコアとなる業務に関して設定する必要があります。**

また、ＫＰＩはチームメンバーをコントロールするものです。リーダーがチームをコントロールする目的は、チームの目標達成であり、すなわち営業利益率への貢献です。このように、チームやチームメンバーのＫＰＩ指標を検討する際に考慮されるべきことは複数存在しています。これらのＫＰＩの指標に求められる条件は３つに整理することができます。

KPIに適した指標の条件3カ条

一、チームメンバーが担っているコア業務に関するもの
二、努力すれば成果を出せる指標であり、他人に影響されないこと
三、チームの達成目標や営業利益に貢献するもの

これらに該当しない指標は、KPIとして取り扱うべきではない指標、すなわち単なる管理指標ということができます。

このようにKPIは単なる管理指標ではありません。従業員の努力を引き出す指標です。そのため、**どの指標をKPIとするかは、慎重に検討する必要があるのです。**

KPI設定時には、実際にそれらのKPIの対象となる人と時間をかけてよく話し合い、条件に合致する指標を見つけ出す必要があります。さらに、KPIの対象となる人にとって、**「課されたKPIは努力すればよい結果を得られる指標である」と思えるように、慎重に話し合いをしながら検討を進めるべき**なのです。

ここまで、KPIとして適した指標の条件を紹介しましたが、それでも自分の部署に適したKPIが何なのかわからないと感じる読者の方もいるかと思います。そこで、いくつかの特殊なK

ＰＩの例を紹介しましょう。ただし、ＫＰＩは各社の状況や、リーダーが重視すること、各部の役割によって様々な設定方法が考えられるため、あくまでも一例として参考にしてください。

（例①：人事部の場合）
人事部では、どんな仕事をすると褒められていたかを考える
計画どおり行うべき仕事をKPIの指標として設定する

人事部においては、当初予定採用人数からのかい離幅をＫＰＩとして設定することができます。

なぜなら、**採用活動は人事部におけるコア業務の一つだからです。また、採用人数は人件費への影響を通じて営業利益に直結する指標**だからです。予定よりも新人を多く採用しすぎてしまうと、その人数分、予定より人件費増となってしまい、営業利益の減少につながってしまうからです。当初予定よりも採用が少なすぎると、予定している事業の拡大に支障が出てしまい、事業拡大やそれに伴う売上高へ悪影響を及ぼす可能性があるからです。

人事部のメンバーの人事評価や賞与と結びつける場合には、当初予定採用人数をＫＰＩの基準値とし、そこからブレ幅が大きくなるほど人事評価やインセンティブ賞与を引き下げ、当初採用

人数と合致していれば高い人事評価や大きなインセンティブ賞与を受け取ることができるという考え方を適用すればよいのです。なお、採用以外にもコア業務があるのであれば、同様にコア業務ごとにKPIを設定するのがよいでしょう。

ただし、経営者がオーナー社長などの場合は、このKPIの適用はふさわしくないことがあります。オーナー社長の一存で採用人数が変動してしまうためです。

人事部のメンバー以外の様々な要因によって採用人数が変動する場合には、KPIに適した条件3カ条の「二、努力すれば成果を出せる指標であり、他人に影響されないこと」に抵触してしまうため、このKPIはふさわしくないことになります。

（例②：研究開発部の場合）
「特許申請件数」をKPIの指標とするのは間違い他の部門の影響を受けない業務を見つけ出すことがカギ

研究開発部のKPIとして、よく話題に上がるのは、「特許申請件数」です。しかし、特許申請件数は、一概に多いほど評価されるべきものではなく、KPIとしてふさわしいとは言えません。なぜなら、KPIに適した指標の条件3カ条のうち「三、チームの達成目標や営業利益に貢献するもの」を満たすことができない可能性があるためです。**質の低い特許や不要な特許、すなわち、売上向上に貢献しない特許申請を行うことは、申請費用の増加を助長し、営業利益の圧迫につながる可能性がある**ためです。

もし、特許申請件数をＫＰＩ指標とし基準値よりも超過すればするほど高い人事評価が得られ、インセンティブ賞与を受領できるように設計したとします。すると、研究開発部の一部のメンバーは、インセンティブ賞与を得たいがために、質の低い技術に関しても特許申請を行うようになってしまう可能性が高まるのです。研究開発部のメンバーには、申請すべき特許をきちんと精査して、申請と維持にかかる費用を鑑みて戦略的に特許登録をすることが期待されているため、特許申請件数をＫＰＩとして用いるのはふさわしくないと考えられます。

それでは、研究開発部ではどのようなＫＰＩを設定すべきなのでしょうか。新製品の開発数をＫＰＩの指標として設定し、年間の予定新製品の開発数をＫＰＩ基準値とするのも一案です。基準値とかい離幅が小さければ高い評価が得られ、かい離幅が大きければ低い評価となるＫＰＩを設定するのです。すなわち、当初予定通りの新製品開発数を実現することが重要であり、予定よりたくさん開発しても、少なく開発してもダメということです。

また、他にも商品モックアップ作成完了までの当初予定からの遅延状況も、ＫＰＩとして設定することができます。商品発売日までの遅延状況をＫＰＩとする考えもありますが、これだと工場の製造部や営業部などの要因で発生した遅延が含まれてしまい、ＫＰＩに適した条件３カ条の

「二、努力すれば成果を出せる指標であり、他人に影響されないこと」を充足できないため、研究開発部のＫＰＩとしてはふさわしくありません。そのため、研究開発部のメンバー自身が他部署に影響されずに進捗をコントロールすることができる、商品モックアップ作成完了までのプロセスでの遅延状況をＫＰＩとして設定することが一案と考えられます。

（例③：経理部の場合）
一見、繰り返しているだけの業務に見えても、その中で最も改善すべき業務は何かを考える
改善具合を把握できる指標をＫＰＩとして設定する

経理部は、「標準的な作業スケジュールから何日短縮したいか」をＫＰＩに反映することが考えられます。これによりさらなる業務のスピードアップを促すことができます。

例えば、Ｍ＆Ａ直後の会社は、新しい親会社や他のグループ子会社の月末締めタイミングに合わせるため、決算プロセスの早期化を行う必要があります。この場合は、経理部の月末締めタイミングの早期化のためのスピードアップを促す目的で、月末から締め日までの既存の日数を踏まえ、改善後の目標日数を基準値として設定するとよいでしょう。

KPIと、人事評価やインセンティブ賞与を結びつける場合には、2つのパターンから選択する

ＫＰＩを人事評価やインセンティブ賞与に結びつける場合、「事前に設定した基準値」と「実績」のかい離幅を評価できるようにする必要があります。かい離幅の評価を行う際には、大きく2つのパターンが存在します。

一つは、実績が基準値をどれだけ上回ったか、そのかい離幅が大きければ大きいほど評価されるものです（パターン1）。

もう一つは、実績と基準値のかい離幅が小さければ小さいほど評価されるものです（パターン2）。

この2つのパターンの考え方を用いることで、ＫＰＩとインセンティブ賞与や人事評価を適切に結びつけることができるのです。

目標と評価基準設定時のパターン

パターン1:
よくある目標達成評価

・獲得売上高（営業部門）
・コスト削減幅（調達部門）
など

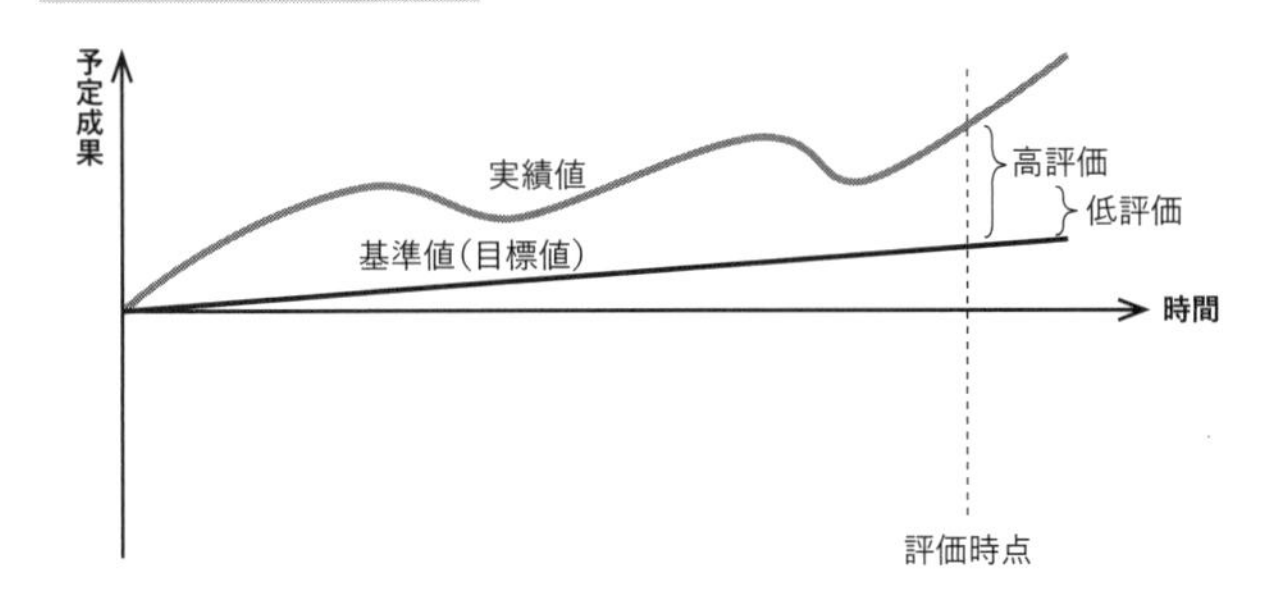

実績が基準値（目標値）をどれだけ上回ったかを確認し、
かい離幅（上振れ幅）が大きいほど高評価

パターン2:
管理部門に適用できる
目標達成評価

・人員予定採用数（人事部門）
・商品化製品数（研究開発部門）
など

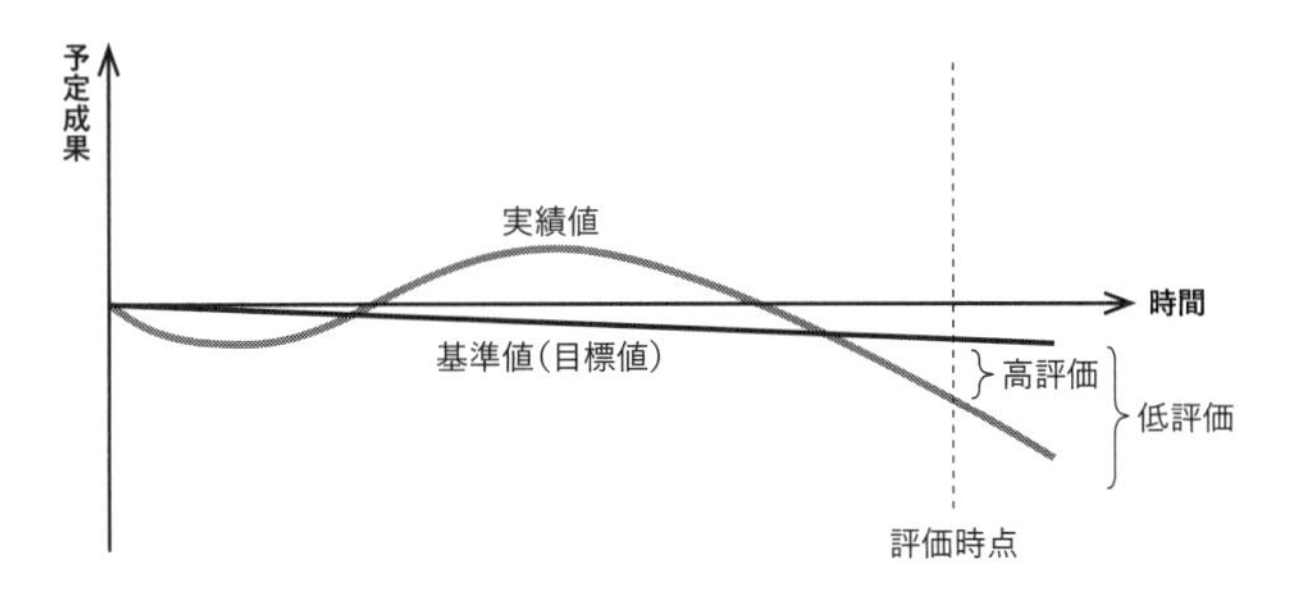

実績が基準値（目標値）とどれだけかい離したかを確認し、
かい離幅が小さいほど高評価

明日からの実践8

作り方のプロセスを知れば、チームをコントロールするKPIはあなたでも簡単につくれる

ここまでは、KPIの指標としてふさわしいものとKPIの基準値の設定について、概念と具体例を説明してきました。ここでは、あなたがリーダーとしてチームのKPIを正しく作成するためのステップを説明します。

〈ステップ1〉KPI指標の選び方
KPIの指標選びのためには、まずは業務の棚卸しをする

チームリーダーとしてKPIを作成しようとすると、急によいアイデアがわかなくなってしまう人もいるでしょう。その場合の検討方法について説明します。

KPIに適した指標の条件3カ条を満たす

「一、チームメンバーが担っているコア業務に関するもの」

まずは、ＫＰＩを検討する対象のチームやチームメンバーの日々の業務を想像し、業務をリストアップしてみてください。それらの業務を最も重要（長い時間を費やしている、または営業利益へのインパクトが大きい）な業務順に並べてみましょう。上位に書き出された業務がコア業務であり、ＫＰＩで管理したほうがよい可能性が高い業務になります。

なぜなら、これらの業務をＫＰＩで管理すると、長時間かけているメインの業務の効率化が図れているかや、業務の浮き沈みを数字で確認することができるようになるからです。これらのコア業務に関してＫＰＩを設定することで、何か異常があった場合にはすぐに、異常を把握することができるようにします。

次に、リストアップ上位の業務について、あなたがチームリーダーとして感じている問題点や改善したことを書き出してください。さらに書き出した項目を、目標値・実績値という数字で表現できるかどうかを考えましょう。前述したとおり、あらゆる仕事は数値化できるはずです。数字で表現できるものはすべて、ＫＰＩ指標の候補となります。その中でも「三、チームの達成目標や営業利益に貢献するもの」が有力な候補となります。

「二、努力すれば成果を出せる指標であり、他人に影響されないこと」

次に、出てきたＫＰＩ指標が、あなたのチームメンバーが努力すれば改善できるＫＰＩ指標であることをチェックします。もし、他のチームメンバーや、他の部門の影響を大きく受けるため、そのＫＰＩ指標を担うチームメンバーにとってはアンコントローラブルな指標なのであれば、その指標を除外するか、周囲の影響を受けないように定義を絞り込みます。前述の研究開発部の例では、商品発売日の遅延ではなく、商品モックアップ作成完了のタイミングの遅延として定義を絞りました。

最後に、組み合わせの検討をします。あなたのチームメンバーに課すＫＰＩは一つである必要はありません。複数のＫＰＩを設定して問題ありません。ただ、チームのメンバーとしては、あまりに多数の指標があると、実際の日々の業務で注意が散漫してしまうため、２、３つ程度のＫＰＩ指標に絞り込むことがおすすめです。

（ステップ２）　各ＫＰＩの基準値（目標値）とインセンティブ賞与／人事評価は枠組みに当てはめるだけで決められる

次に、ステップ１で選んだ各ＫＰＩ指標の基準値（目標値）を決め、インセンティブ賞与／人事評価に連動させます。

これを行う上での注意点を説明します。基準値の設定が、対象となる人が受ける人事評価の高低やインセンティブ賞与の高低に直結するため、これらは同時に検討する必要があります。対象となる人が不満を持ってしまう基準値では、チームメンバーのモチベーションを引き出せず、KPIを使ってチームメンバーをコントロールできなくなってしまうため意味がありません。前述しましたが、**過年度の実績や来年度の目標数値を踏まえて、かつ、対象となる人が納得できるような合理的な基準値を設定しましょう**。決して、実力とはかけ離れた基準値を設定することのないようにしてください。

また、基準値設定時には、公平性を保つよう注意しましょう。「Aさんは基準値に近づくために多くの努力をしなければならないのに対して、Bさんは簡単に基準値を達成することができる。そのため、BさんはAさんよりも容易に高い人事評価やインセンティブ賞与が入手できる」、ということが発生しないように注意しましょう。

では、実際に作成していきましょう。あなたがすべきことは、237ページに示す図の枠組みに当てはめるだけです。フレームワークを埋めていきましょう。

まず、ステップ1で絞り込んだKPIの指標を書き込みます。一つのチームや一人のチームメンバーに対して、KPIの指標は複数設定することができるので、複数のKPI指標がある場合には複数書き込みましょう。レストランの事例では「客単価」と「顧客回転数」の2つの指標を用意しています。

次に、上段（グレーの部分）枠内に、昨年の実績値と基準値を書き込みます。昨年の実績値を書き込む理由は、努力前の現在の実力を把握するためのものであり、あくまで補助的な情報です。さらに、実績値と基準値の間を埋める形で、キリのよい数字を記入し上段（グレーの部分）を埋めましょう。

下段では評価ポイント（pt）を設定します。評価ポイントは必ずしも次ページ図のレストラン従業員の事例のように1pt～10ptを入れる必要はありません。また、評価ポイントを線形に記載する必要はありません。上段の数字や、複数のKPI指標間の重み付けを考慮し、自由に記載しましょう。

最後に、各KPI指標の評価ポイントを合計し、人事評価もしくはインセンティブ賞与と結びつけます。インセンティブ賞与として具体的な賞与金額を記載することもあれば、人事評価を記載する場合もあります。

〈枠組みを利用したKPI作成時のポイント〉

一、KPIの指標は、1チームや1チームメンバーに対して複数の指標を設定可能
二、複数のKPI指標の重要性に応じて、評価ポイントのウエイトを自由に変更可能
三、KPIの値（上段）と、評価ポイント（下段）は、必ずしも比例的な関係である必要はなく、自由に設定可能
四、ポイント合計に対して、インセンティブ賞与や人事評価を設定する

レストラン従業員の事例

KPIの基準値(目標値)と評価ポイントの設定

客単価(円)	1,800	1,900	2,000	3,000	5,000~
①ポイント(pt)	1	1	7	10	10

顧客回転数(回転)	1	2.5	3	3.5	4~
②ポイント(pt)	1	2	5	3	1

前提条件

※通常は、高級フレンチなどであれば回転数は3回転が適正と考え、高くもなく低くもない水準を目指したい
➡3回転の時が最も高いポイントを獲得でき、それを超えると獲得できるポイントも下げる
※そもそも客単価を重視したく、回転数は多少意識する程度でよい
➡客単価のポイントと、回転数のポイントで比重を変える
※客単価の減少をどうしても食い止めたい場合は、ポイントの傾斜を工夫することもできる

評価ポイントの合計

評価ポイント合計（①+②）	インセンティブ賞与	人事評価
1~4pt	0	C
5~9pt	10万円	B
10~14pt	50万円	B+
15~19pt	80万円	A
20pt	100万円	A+

第9章

できなかったら理由をとことん追求するプロリーダー術

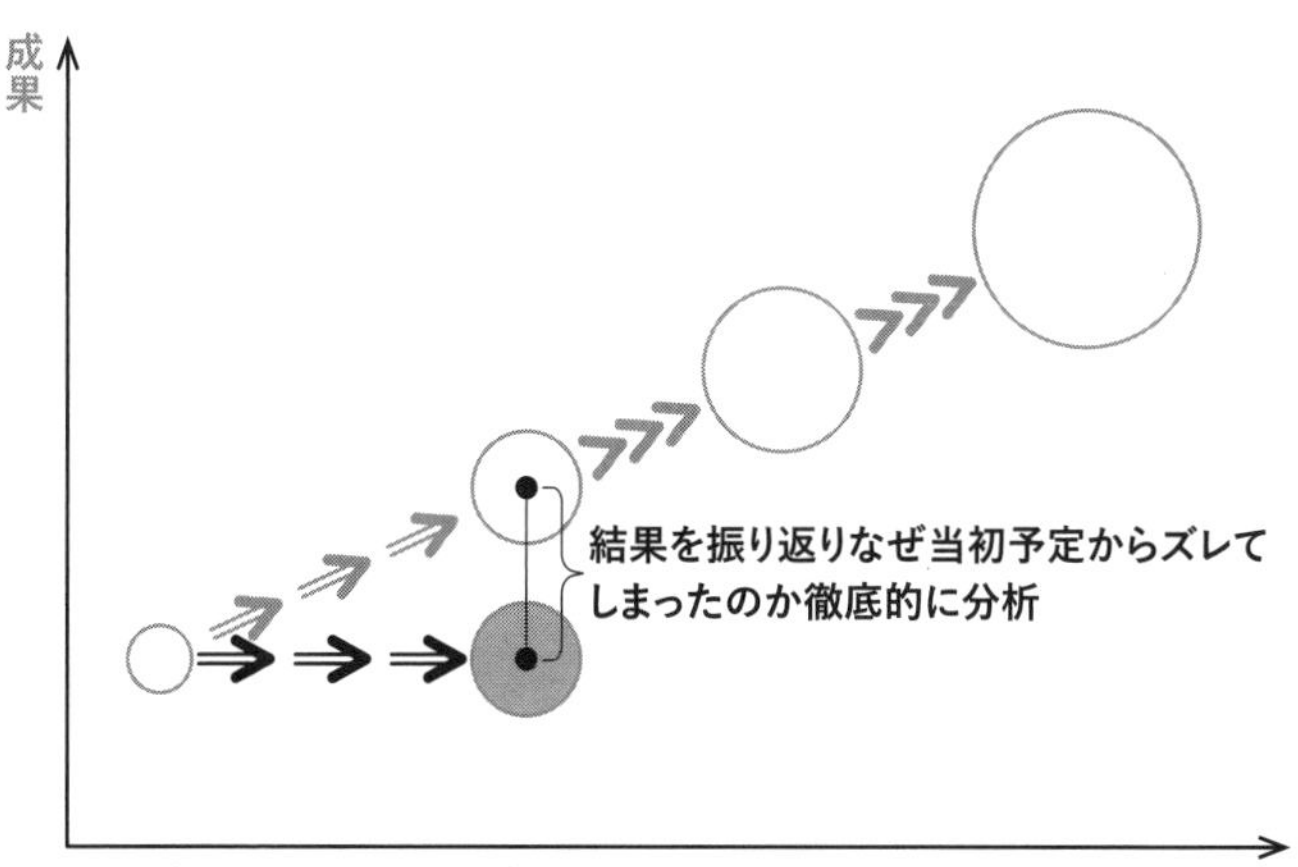

問題

来期予算数値やKPIの基準値（目標値）が未達だったらあなたはどう考えますか

一、なぜうまくいかなかったのかを考えて、次に活かそう
二、過去の失敗はあまり気にしないようにし、次を頑張ろう

多くの日本のアマチュアリーダーは、これら2つのいずれかを回答します。しかし、これらの回答は非常に浅い回答であり、実際に失敗を活かせるところまで、たどり着いていません。

第4章でチームメンバー本人が目標数値を達成することをコミットさせると説明しました。**本人がコミットし、さらにKPIとインセンティブ賞与を与え、モチベーションも十分であったはずなのに目標が未達だったということは、何らかの改善すべき重大な問題が発生している**と考えます。単に「ちょっと頑張らなかっただけで、また来期頑張ればよい」とは考えません。なぜなら、今期もかなり頑張ったはずだからです。**頑張ってもできないとなると、何らかの手を打たなければ来期もまた同じ結果になる可能性があります。**この危機感により、プロリーダーは、目標未達の背景をとことん分析し、改善しようとするのです。

真実⑨

アマチュアリーダーは、
目標をつくることに力を注ぐが
結果を振り返ることに時間を使わない

プロリーダーは、
結果を振り返り、なぜダメだったのかを
徹底的に分析する

チームリーダーが目標未達の理由を振り返ることで初めてチームは成長できる

第4章では、プロリーダーの来期予算数値の設定方法を説明しました。日本の企業の多くのチームリーダーは、当初設定した予算数値が未達であった理由を振り返ることはありません。また、仮に未達である理由について上長から説明を求められたとしても、市場環境のせいにして、自ら理由を振り返ることはしません。

「予算は未達でもしょうがない」「予算は高い目標を設定して、勢いをつける役割を果たせばよい。どうせ達成できないと思っている」という考え方が会社全体に蔓延しているケースをよく見かけます。

しかし、これではいつまでたっても、成果をあげられない要因が特定できず、改善活動もできません。会社の中の多くのリーダーたちがこのような考え方だと、会社自体も同じ失敗をくり返し、飛躍的な成長はできません。

一方、プロリーダーは、目標未達の場合には、なぜ未達となったのかを徹底的に振り返り、何が悪かったのか、どのように改善すればよいかを分析し将来の活動に活かします。これにより、常に成果を生むチームを実現しているのです。

ここでは、プロリーダーがどのように実績を振り返り、目標未達の理由を分析し、将来の活動にどのように活かしているのか、その手法を説明します。

経営改革の事例9

アマチュアリーダーは、目標をつくることに力を注ぐが結果を振り返ることに時間を使わない。プロリーダーは、結果を振り返り、なぜダメだったのかを徹底的に分析する

再び、C社の事例に戻ります。少し将来の話に飛びます。C社が買収された翌年の7月、設定した予算数値や、KPIに対して上半期の実績が出たタイミングです。つまり、買収後初めて、予算数値（半期分）と実績の比較ができるタイミングです。

この半期でC社は、目標としていたほど成果を生み出すことができませんでした。営業利益は当初予定よりも低い水準にとどまります。売上高も当初予定に達しません。また、営業部の従業員の各個人のKPIも半期換算すると、基準値（目標値）に到達できていないようでした。C社の業績回復の責任を負っているエドワード氏とケリー氏は、この状況に危機感を覚え、原因究明を試みます。各部署のKPIの基準値（目標値）とのかい離を確認したところ、営業部がKPI

の基準値を下回り、かい離幅が大きい状況でした。調達部、研究開発部などは、当初の予定通りコスト削減や新商品の開発を順調に進めているものの、営業部で営業利益を生み出せていないということです。そこで、2人は相川営業部長と、原因究明をし対策を話し合います。

ケリー氏「この上半期の状況を見てみると、多くの部署は目標数値を達成し、KPIも基準値(目標値)に対してかい離は見られず、当初の予定通り活動できているようです。しかし、営業部はあまり成果も出ておらずよくないようです。状況を説明してもらえないでしょうか」

相川部長「ケリーさんは成果が出ていないとおっしゃりますが、一つ言わせてください。そもそもですが、我々はとても一生懸命やっている。皆、夜遅くまで頑張って働いています」

ケリー氏「それはよくわかっています。皆さんの頑張りには感謝しています。しかし結果が出ていないことにも目を向けて考えるべきです」

相川部長「努力はしているが成果はあがらないということは、市場環境が悪いからです。海外の競合は、我々よりも低価格な商品を販売しました。また、国内では、アイリスオーヤマなどの新興企業が台頭してきました。このような環境の中で、国内大手競合は、多額の広告費をかけプロモーションを行い業績維持したとみています。さらに、市場全体を見ても活性化しているとは言い難い。一方、我々は、特別に優れたダイソンのような製品開発ができたわけでもなく、プロモーションの予算も限られている。我々のシェアが低下しているのは今に始まったことじゃありません。むしろこの上半期でシェアの低下には歯止めをかけられた、よく頑張ったと思っています」

それに対してケリー氏は、激しい口調で言い返します。

ケリー氏「相川部長はそのような考えでこの上半期仕事をされていたのですか。競合の動きや市場の環境は、昨年度から大きく変わったわけではないと思います。これらのことは、経験豊富な相川部長には、昨年度時点ですでにおわかりでしたでしょう。正直言って、今、相川部長から伺った内容はすべて言い訳にしか聞こえませんでした。

もっと言うと、今、営業部が置かれている予算数値の未達やKPIが基準値を大きく下回っている状況は、外部環境とは関係ありません。相川部長の目標設定のミスとやり方が悪かったためだと考えています。もし、外部環境の変化がこの半年間で急速に起こったのならば、それは目標を作成する際には予測できなかったことなので仕方ないと思います。しかし、今回の事象は先ほども言ったように、予測することができたものです。外部環境が予測可能だったにもかかわらず、高い予算数値やＫＰＩの基準値（目標値）を承諾したのは、営業部のリーダーである相川部長自身の責任です。我々、海外で仕事をしてきたリーダーは、**部下は外部環境を踏まえたうえで予算数値やKPIの基準値を承諾したと考えます。だからこそ、目標数値やKPIの基準値を達成することは、どんな状況であっても絶対にこだわっていただきたい**ことなのです」

相川部長「私は、予算数値というのは、ある意味〝頑張って仕事をする〟ことの意思表明だと思っていました。だから、高い目標を承諾したのです」

ケリー氏「相川部長、その考え方では困ります。以前、ご説明したとおり、ＫＰＩのかい離幅をインセンティブ賞与として設定しました。あまり高いＫＰＩの基準値だと、あなたの評価はいつまでたっても低く賞与も低いままですよ。言いたくはないのですが、海外の会社員たちは、期待値をコントロールすることがとてもうまいです。事前に様々なネガティブ要因を上長や経営者へ説明し、上長や経営者に納得してもらった上で、あえて低めの目標設定やＫＰＩの基準値の設定を行う人もいます。そして、その期間が終了した際に〝自分が頑張ったから、当初設定した予算数値やＫＰＩの基準値を大きく上回る実績を出した〟と、多額の賞与を獲得しようとするのです。これは、当初の低めの目標数値やＫＰＩの基準値を合意してしまった、上長や経営者側の責任ですので、これらの会社員はルールに則った正当な主張で高い賞与を受け取ることができるのです。だからこそ海外ではかなり時間をかけて双方が納得するような予算数値をつくるのですよ」

相川部長「私が予算設定のタイミングで高い目標に合意してしまったのが間違いだったのか」

ケリー氏「はい、そのとおりです。経営者やリーダーの立場からすると、従業員の皆さんが**どんなに頑張って深夜まで働かれている姿を見たとしても、その方々へ、単に頑張ったからという理由で高い賞与を出すことはしづらいです。明確に基準がないと、感情で賞与を配ることになってしまい、不公平感や不満が高まってしまいます。**仕事をしっかりすばやくやって早く帰る人を評価せず、時間をかけてゆっくりやっている人に対して、残業代や高い賞与を出すのは健全ではありません。また、目標を達成していない中で、頑張っているという理由で賞与を支給してしまっては、会社としても赤字になってしまいます。**従業員が頑張って営業利益を上げる貢献をしてくれて、初めて会社としても賞与支給の原資ができます。我々が、賞与を出せるのはあくまで年初に作成した予算や目標達成状況次第なのです」**

相川部長「なるほど、わかりました」

ケリー氏「わかっていただけたならよかったです。であれば、早速、営業部の成果が悪かった原因もきちんと一緒に考えていきましょう。一緒に分析することで、下半期の改善方法が見えてくると思いますし、私も背景や原因を理解できれば、次回以降の目標数値やＫＰＩの設定の際に役立てることができます」

相川部長「承知しました。ただ、私は成果が出なかったのは、先ほどもお話ししたとおり外部環境のせいだと思っているのですが……」

ケリー氏「チームリーダーとして**〝たとえ外部環境が悪くても、やり方次第では逆境を乗り越えて、よい成果を出すことができる同業者や、それ以外の外部企業でも、我々よりもうまくいっている企業が存在する以上、我々は何かやり方が間違っているはずである〟**という考え方を常に持っていただきたいです。ちゃんと考えれば、我々がコントロール可能な問題点と改善策は出てくるはずです。共にもう一度、営業部の不振要因を考えてみましょう」

プロリーダーの思考術9

目標未達の時に、失敗にとらわれずすぐに次の目標を考えようとするのはアマチュアリーダー。どう改善するかわかるまでいつまでも考え続けるのがプロリーダー

本章の冒頭の問題を改めて記載します。

来期予算数値やKPIの基準値（目標値）が未達だったらあなたはどう考えますか。

一、なぜうまくいかなかったのかを考えて、次に活かそう

二、過去の失敗はあまり気にしないようにし、次を頑張ろう

これら2つの回答では不十分であると説明しました。ここではなぜ不十分なのかを詳しく説明しましょう。

「一、なぜうまくいかなかったのかを考えて、次に活かそう」と考えているリーダーはいつまでたっても、火消しの仕事に忙殺され、自らイニシアティブをとれない

このような考え方が正しいと考えているリーダーは、**考えたつもりになってしまい、実際には浅い考えに留まってしまう傾向があります。**うまくいかなかった理由を深く突き詰めずに、相川部長のように外部環境が悪かったとの結論を出してしまう危険性があります。また、〝次回以降はこの外部環境を踏まえて活動するように頑張ろう〟と意気込むだけでは意味がありません。外部環境のせいにして、その変化に対応しようと、あとから追って対策をしても、大きな効果は得られません。**外部環境は常に変化しているため常に後手後手の対応となり、いつまでたってもうまくいかない状態を繰り返す**ことでしょう。

「二、過去の失敗はあまり気にしないようにし、次を頑張ろう」という考え方では、いつまでたっても、改善できない

失敗を恐れずにチャレンジするのは、よいことかもしれませんが、だからといって失敗を反省しないのは、よくありません。過去の失敗は気にせず、失敗したことを忘れて、再び次に挑むのは非常に雑な思考です。

うまくいかなかったから、反省もせずに、次は違うやり方でいろいろとチャレンジする精神

は、ベンチャー企業の立ち上げ期など、時には有効かもしれませんが、常に、成果を出し続けるチームリーダーにはなれません。目標未達時には〝なぜ未達だったのか〟を必ず振り返ってください。失敗を分析したうえで次に取り組む必要があります。

日本のアマチュアリーダーは、予算未達でも「ダメだったけれど、頑張ったからよかった」と語るでしょう。なぜ、未達理由を時間をかけて振り返ることをしないのでしょうか。

なぜなら振り返る必要がないからです。予算数値や目標は未達でも、問題視されないという環境でこれまで仕事をしてきたからです。

しかし、**海外のプロリーダーは、なぜダメだったのか、何が足りていなかったのかを徹底的に振り返り分析します**。そして、外部環境のせいにせず、自分のチームの中で悪かった点を特定し、次回どうすべきか改善アクションまで考えます。例えば、相川部長の事例でも、**プロリーダーであれば外部環境が悪いとは言わずに、他社の戦略を読み解き、これらへの対抗策を怠ったと自身のせいとして反省し、必要なアクションを考える**でしょう。予算数値や、KPIの基準値(目標値)を達成し成果を出すために、自分の努力で最大限にできることを探します。

このように日本のアマチュアリーダーは失敗を軽くとらえがちですが、プロリーダーは目標未達を分析し、学びを次のアクションにつなげようとするのです。

頑張っているだけでは高く評価しない。成果を出すことを求める

筆者は、経営改革や企業再建を担う職業柄、様々な大企業のオフィスを訪れる機会があります。執務エリアに通され、フロア全体を見渡すことがあります。そこでは、多くの従業員が〝頑張ってなんとかしよう〟とやる気に満ちている空気を感じることができます。議論をすることに時間を費やしチーム皆で検討して統一見解を持つ、社内での承認プロセスを通すことや予算獲得にかなりのエネルギーを注ぐ、という話もよく聞きます。

日本のリーダーは、このようにモチベーション高く頑張っている従業員を高く評価します。モチベーションを高く持って仕事をしていること自体はとてもよいことでしょう。しかし、問題は成果を出しても出さなくても、頑張っていれば高い人事評価をつけてしまうという点です。このため、従業員の立場からすると、成果を出すことに執着する必要がなくなり、失敗してもきちんと振り返る必要がないという考え方が生まれてしまうのです。

しかし、プロリーダーは違います。成果を出していることに重点を置いて人事評価を行います。本来、従業員の時間は会社の資産であり、チームメンバーの時間はチームの資産です。チームメンバーが費やす時間には人件費がかかっています。**モチベーション高く頑張って時間をかけ**

て取り組んでいても、**営業利益に貢献できていないなら、チームメンバーを高く評価してはいけないし、リーダー自身も高く評価されるべきではないとわかっています。**そのため、プロリーダーは成果を出すことにこだわり、成果を出すためにはきちんと目標未達理由を分析し、同じ失敗を繰り返さない、次回は少しでもよい成果を出せるように改善方法を考える、という行動をとるのです。

仕事に対するマインドセットやモチベーションの持ち方も同じです。日本のリーダーは頑張っていくぞということを言い続け、飲み会を設定し、奨励します。仕事を円滑に進め、さらに仕事の原動力となるモチベーションを上げたり、不満や悩みを解消することに力を注ぎます。これ自体は筆者自身もとてもよいことだと考えており、海外のプロリーダーよりも日本のリーダーのほうが優れていると考えています。チームメンバーの精神的なケアは重要です。しかし、**実績値と対峙し、未達理由を分析する時には、リーダーは精神論で語ってはいけない**のです。アマチュアリーダーは実績値が当初予定よりも未達であったことを、〝来年もう少し頑張ればよい〟などという精神論で片づけてしまいます。プロリーダーは、今期の目標未達理由を論理的に反省し、次回に活かそうとします。

アマチュアリーダーは目標未達に鈍感だが、プロリーダーは成果を出せなければクビになる

日本のリーダーは、失敗理由を外部環境のせいにして、目標未達を受け身でとらえがちです。人事評価にもつながらないため、あまり目標未達について心配することはないと説明しました。加えて、日本の多くのリーダーは、会社の業績やチームの成果が悪くても、他人事（ひとごと）としてとらえる傾向があります。あなたの会社にも、**会社業績が悪かったり、部署の活動がうまくいっていなくても、他人事としてとらえ、なんの危機感も持たずに、仕事を行っている人間が多数存在することでしょう。**

しかし、海外のプロリーダーはそうではありません。これまでも述べてきたように、プロリーダーはチームを率いて成果を出すことがすべてです。高い成果を出せば評価されますが、低ければ評価されず、短期間でクビになることもあります。頑張ったか否かは関係ありません。そのため、プロリーダーは、自分の評価を高めるために、次にどのようなアクションをとるべきかを徹底的に分析するのです。**プロリーダーは状況を分析し、改善すべき点を論理的に発見し、改善していくことに貪欲です。**既存の事業の実態や過去を分析して活かすことで、来期はより高い成果を出すチャンスが増えるからです。

明日からの実践9

未達要因を書き出して数値化すれば、最も改善すべきポイントとアクションが見える

ここでは、実際にリーダーであるあなたが、どのようにして予算数値やＫＰＩの基準値（目標値）と、実績のかい離を分析するのか、その方法を説明します。多くの人が活用できるよう、平易なフレームワークを用いて説明します。このフレームワークは、筆者が外資系コンサルティング会社に勤務している際に培(つちか)ったコンサル的思考法と、実際に企業参謀として経営改革を行う際に培った、実際の現場での思考法を踏まえてつくった筆者オリジナルのメソッドです。そのため、チームリーダーとしてチームを動かす際や、経営改善検討を行う際などの実践の場で有効な考え方です。

フレームワークの目的

このフレームワークの目的は、実績値と予算数値（目標値）のかい離の要因を改めて分析し、その要因を把握し来期の改善アクションを発見することです。単に、分析をし、論理的に事象を

正確に整理するという整理術には重点を置きません。あくまで、最も有効性の高い改善アクションを導き出すということに重点を置いています。

フレームワーク活用のプロセス

（ステップ1）目標未達の要因だと思ったものをすべて書き出してみる
（ステップ2）正確性は考えず、まずは数値化してみる
（ステップ3）重複や因果関係は少しだけ考える
（ステップ4）全体を俯瞰し、最も優先的に改善すべきポイントを見つける
（ステップ5）改善アクションを考える

〈検討時のポイント〉

あくまで、目標未達の最も大きな要因を明らかにし、それに対してどのような改善アクションをすべきか考えるのが本フレームワークの目的です。そのため以下の3点に留意してください

一、数値化する際、正確性にこだわりすぎない
（規模感がわかれば数値は大まかな数字でも構いません）
二、内容の重複や、因果関係にこだわりすぎない

三、ネクストアクションを検討できるように、とことん深掘りして分解する

(ステップ1) 目標未達の要因だと思ったものをすべて書き出してみる

ステップ1では、検討の視点をいったん広げます。そのために、目標未達の要因だと考えられるものをすべて書き出します。

まず、今回の分析対象とする予算実績数値やKPIの指標を選んでください。当初予定と実績のかい離幅が大きいものを選ぶのがよいでしょう。そのうえで、分析対象として選択した予算実績数値やKPIの指標について、あなたが考える未達の要因を書き出してください。各要因の因果関係や重複を考慮する必要はありません。思いつく要因を素直に書き出してみてください。

(補足) 営業利益の今期目標未達は、結果数値だけを見ても来期の改善アクションにつながるアイデアは出てきません。レストランのケースでも、レストランの客単価だけを見ても、なぜ客単価が目標値に達しなかったのか原因究明には至らず、来期の正しい改善アクションを考え付くことはできません。そのために今回説明する分析を行うのです。

今回は、「A:ハウスメーカーの営業部において来期予算として作成した営業利益が未達だっ

（ステップ1）
目標未達の要因だと思ったものをすべて書き出してみる

例A：ハウスメーカーの営業部における
“営業利益”の目標未達要因

✓イベント事業の営業利益減少
✓東日本エリアの営業利益減少
✓本社営業部が利用した販促費用の拡大
✓プロモーション費用の拡大

例B：レストランにおける“客単価”の目標未達要因

✓一品当たり平均単価の減少
✓高価格帯メニューの注文減少
✓一顧客当たりの注文品数の減少
✓高単価ドリンクの注文減少

たケース」「B：レストランにおいて客単価が目標未達だったケース」の2つの例を考えます。

（ステップ2）正確性は考えず、まずは数値化してみる

ステップ2では、ステップ1でリストアップした各要因のインパクトを考察します。

ステップ1でリストアップした各項目について、売上高、費用、営業利益への影響を数値で記入します。あくまで、最も重視するのは営業利益への影響です。営業利益は、さらに売上高と費用とに区分することができますので、それらも記入します（261ページ参照）。

例Aの「イベント事業の営業利益減少」を見

てください。ここで記載する数値は、当初の目標値との差分です。すなわち、▲売上高１００億円というのは、この要因によって、当初予定よりも実績の売上高が１００億円下がったということを意味します。費用については、▲費用30億円と記載した場合は、当初予定よりも実績の費用が30億円下がったということを意味します。すなわち、営業利益の上昇に貢献したということになります。よって、▲売上高１００億円と▲費用30億円を加味すると、このイベント事業要因の営業利益への貢献度は▲70億円ということになります。

もし、営業利益、もしくは売上高、費用のいずれについても数値化できない項目があればそのような項目はそもそもここで分析をする必要がないということになります。あくまで、この分析は営業利益を向上させるための改善アクションを導く分析であり、数値化すらできないような営業利益に貢献しない要因に対しては行う必要はないからです。

とはいえ、基本的には、業務は営業利益に何かしらつながるはずですので、数値化するようしっかりと考えて書き出してください（ただし、ステップ４で再度修正を行うことができるため、数値の正確性にこだわる必要はありません）。

（ステップ2）

要因		
読み方　営業利益（円）	← ＋	売上高（円）
	← −	費用（円）

例A：ハウスメーカーの営業部における"営業利益"の目標未達要因

イベント事業の営業利益減少	
▲70億円	▲100億円
	▲30億円

東日本エリアの営業利益減少	
▲500億円	▲400億円
	+100億円

本社営業部が利用した販促費用の拡大	
▲40億円	—
	+40億円

プロモーション費用の拡大	
▲120億円	—
	+120億円

例B：レストランにおける"客単価"の目標未達要因

一品当たり平均単価の減少	
▲100万円	▲100万円
	—

高価格帯メニューの注文の減少	
▲60万円	▲60万円
	—

一顧客当たりの注文品数の減少	
▲50万円	▲50万円
	—

高単価ドリンクの注文の減少	
▲40万円	▲40万円
	—

（ステップ3） 重複や因果関係は少しだけ考える

次に、各要因間の因果関係を考慮し、ステップ2で記入した項目を、ツリー状に記載し直しましょう。なお、論理的に綺麗に因果関係を整理したり、内容が少しも重複しないように整理をするのは難しいはずです。ここで作成するツリーは、あくまで全体像を把握するための粗い因果関係の結びつきであると考えます（263ページ参照）。

また、ステップ1、ステップ2で要因をリストアップし、数値を記載しましたが、このように因果関係を整理する過程で、ステップ1では思いつかなかった新しい要因に気づくことがあると思います。その場合は、気づいた要因を追加するようにしましょう。例Aの、ハウスメーカーの事例では、「イベント事業」について記載していますが、ステップ3で、他の事業についても要因として加えたほうがよいのではないかと思いつき、点線で新たに気づいたいくつかの要因を追加します。

なお、ステップ3で要因と要因の因果関係を結びつけると、数値が断続的で不整合が生じると思います。これについては適宜修正しましょう。ただし、このフレームワークの目的はあくまで、最も改善すべき要因を見つけ出すことにあり、粗くインパクトの大きいもの、小さいものを把握するためのものですので、あまり数値の正確性や論理性にこだわりすぎることなく、全体が

（ステップ3〜5）
例A：ハウスメーカーの営業部における“営業利益”の目標未達要因

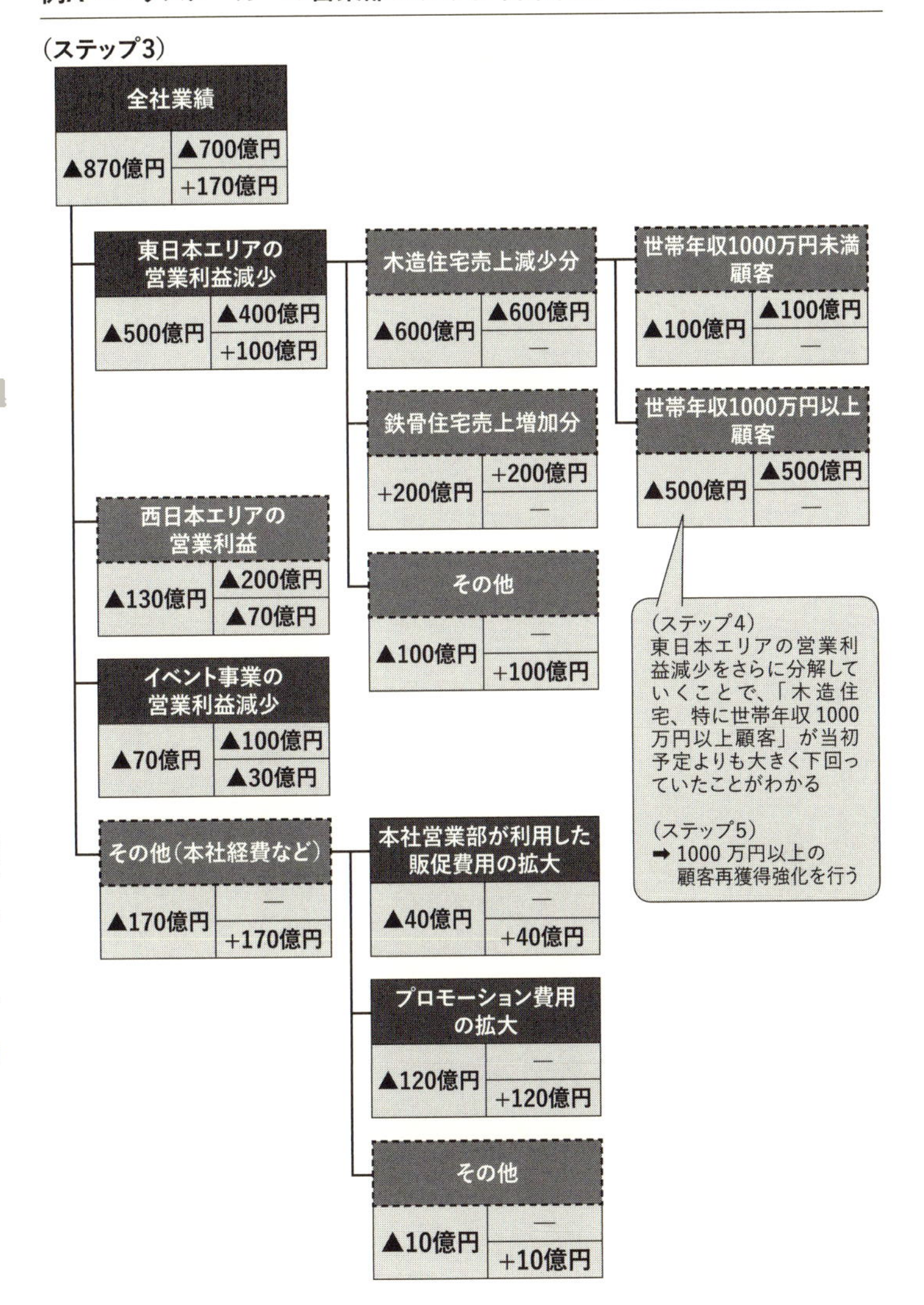

整合するように柔軟に修正を加えましょう。

（ステップ4）　全体を俯瞰し、最も優先的に改善すべきポイントを見つける

ステップ4で、どの要因を最も改善すべきなのかを判断します。ステップ3で作成したツリーの全体像を見ながら、最もインパクトが大きく、また、目標未達の要因となっている項目を見つけましょう。

例Aのハウスメーカーの事例（263ページ参照）では、東日本エリアの営業利益という要因が、営業利益の押し下げ効果が最も大きいとみることができます。しかし、さらにその下の分解要素を見ていくと、中でも木造住宅の特に世帯年収1000万円以上顧客がその大きな要因であるとわかります。この事例では、世帯年収1000万円以上の顧客獲得に関して、優先的に改善を行うべきであることがわかります。

（ステップ5）　改善アクションを考える

最後の仕上げです。最も優先的に改善すべき要因について、どう改善するかのアクションを考

（ステップ3〜5）

例B：レストランにおける“客単価”の目標未達要因

（ステップ3）

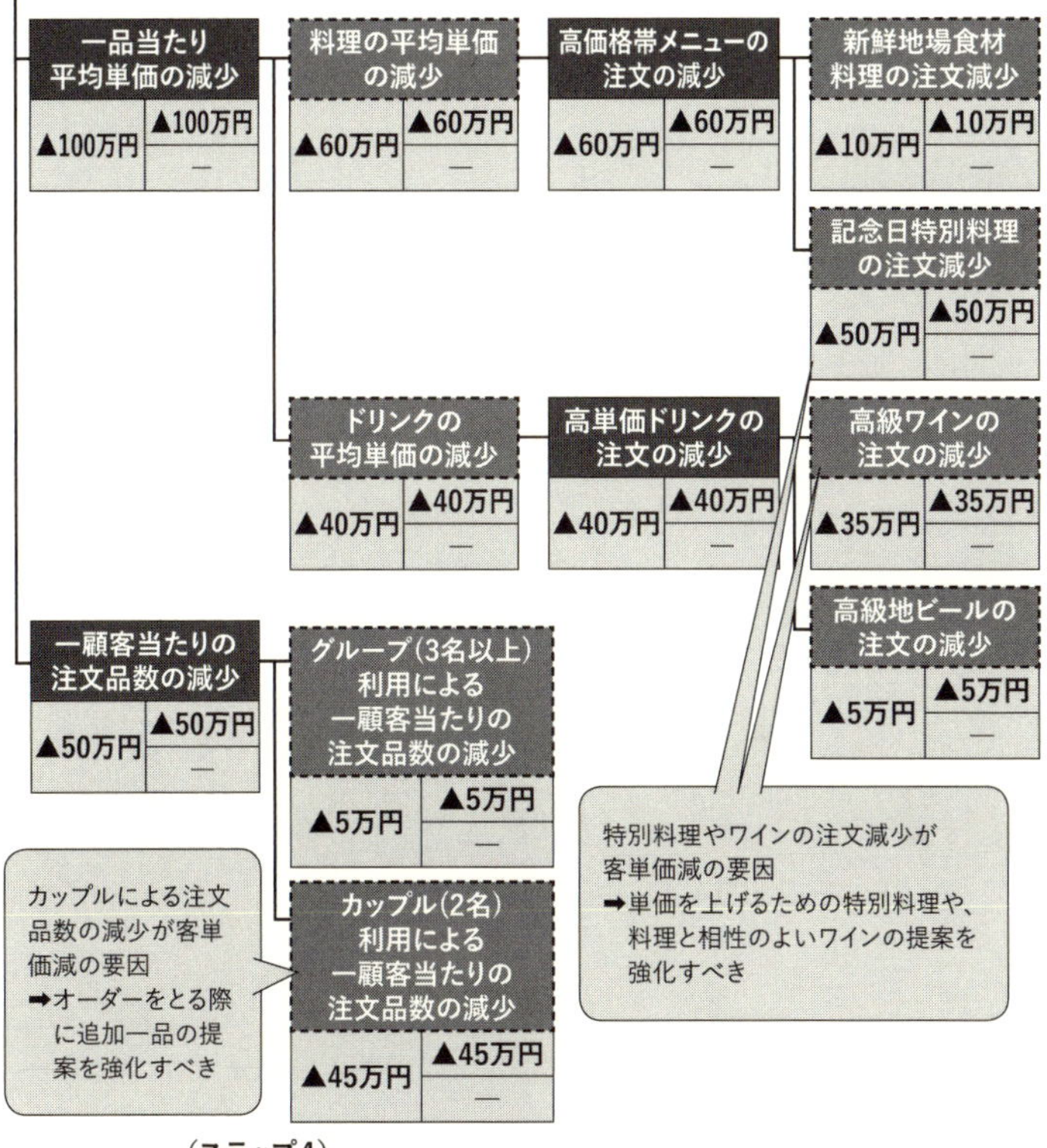

（ステップ4）

従来、レストランの客単価を押し上げていたカップルによる記念日需要が減少していることが推測される

（ステップ5）

➡記念日利用のカップルに対して、特別食材を利用した追加一品や、特別なワインの提案などを強化すべき

えます。
例Aのハウスメーカーの事例では、世帯年収1000万円以上の顧客の減少が明らかになりましたので、このような顧客減少を防ぐための具体的な改善策やプロモーション施策を考えます。もし、アクションが思いつかなければ、それはまだ分析が足りないということです。各要因を、改善アクションが思いつくまでさらに分解していきましょう。

なお、ここで考えられたアクションについては、きちんと完遂されるよう、担当者を決め、第10章で説明するとおり、細かく達成状態を定義し、期日を定めてください。また、来期予算に改善効果を含めたり、必要に応じて改善アクションの効果をはかれるように、新しくKPIを設定するなどの対応を取り、担当者が自ら責務をきちんと遂行する環境を用意してください。

このようにステップ1~5を通じて、目標未達の要因のうち、最も営業利益に影響を与えているインパクトの大きい要因を見つけ、その改善アクションを考えるのです。目標未達や基準値とのかい離幅が大きいKPIについて、チームリーダーであるあなたがこのような要因分析を行います。改善アクションをチームメンバーへ示し、チームをディレクションすることでより高い成果を目指すのです。

第10章

リーダーが一人で多数のチームメンバーを同時に動かすスマートな方法

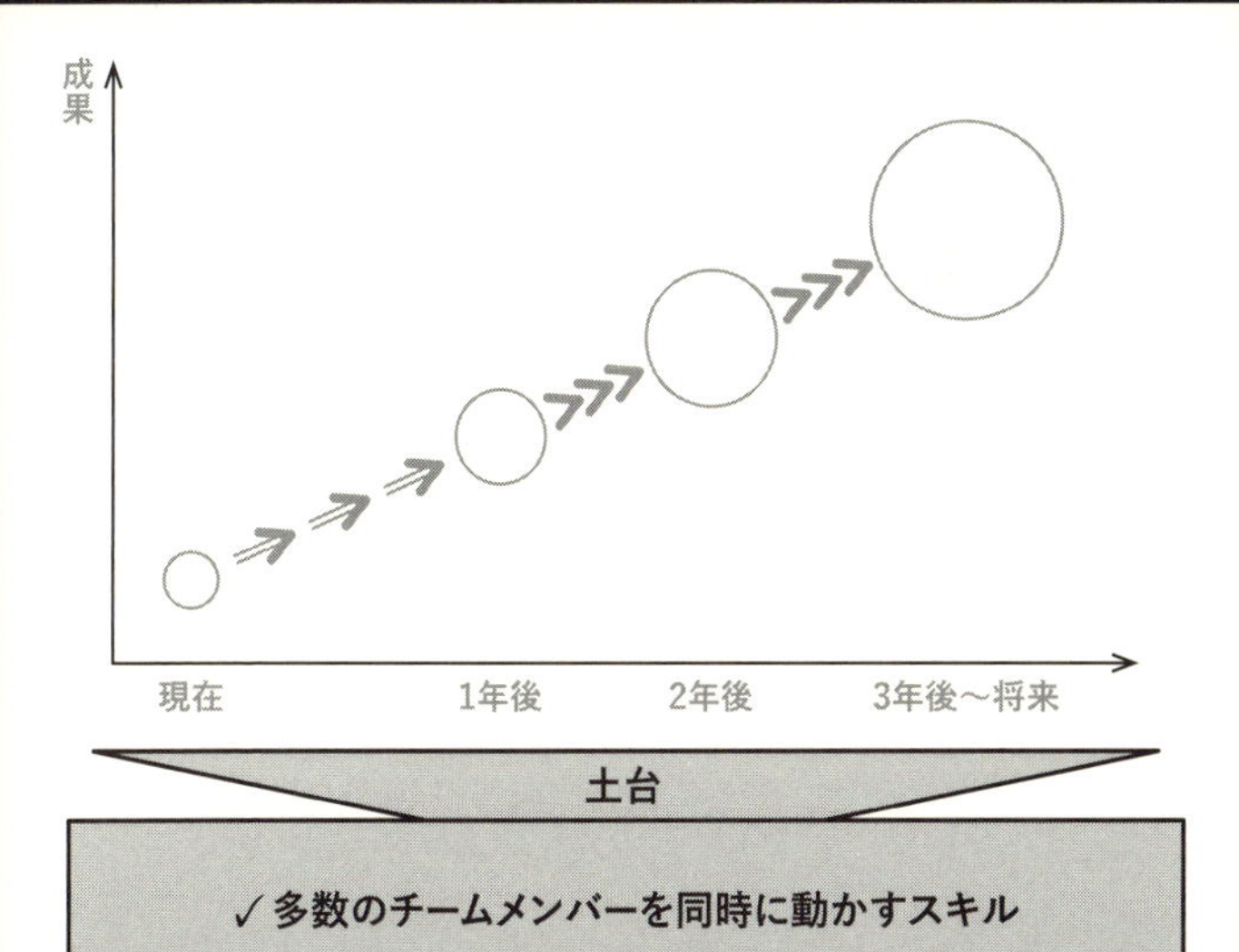

チームの遅延を許さないリーダーの技

私が短期間で経営改革を行う際に、よく障害となるのは、目の前の仕事や問題の対応に重点を置く既存の会社役員の存在です。第1章で説明したとおり、私自身は会社の将来のビジョンを描き、その上で逆算して、今、何をすべきかを考えることに重点を置きます。しかし、経営再建が必要な企業の多くの会社役員は目の前の問題解決にばかり目を向け、その対応に時間を費やします。問題が発生することを事前に予測して対処しようとは考えず、問題が顕在化してから、対応し始めます。

また、このような会社役員は、将来のビジョンとの整合性を考慮せず、自分の知識に基づき、思いついた事柄を計画も立てずに、どんどん進めようとします。第6章でも触れましたが、このようなリーダーは自身の経験や業界知見を過信し、ビジョンとの整合性を考えたり、計画も立てずに思いついたことを部下にどんどん取り組ませます。

Point!

自分はできていると過信していても、「将来、何が起こるかを想定↓そのために今、何をすべきかを予想↓事前に計画を立てて対応策を打つ」ことができないリーダーが多い

これは、決して会社役員に限った話ではありません。アマチュアリーダーも同様です。PDCA(Plan, Do, Check, Action)が大事とはよく言われますが、気づかないうちにPを除き、DCAを繰り返しているのです。計画を立てず目の前に現れた問題ばかりに対応します。もしくはPを行う際に見据える将来の期間が、きわめて短い人がいます。自分はPDCAができていると言いながら、**数週間先の将来しか見ていない人は多く存在します。しかし、これでは、行き当たりばったりとなってしまい、効率的に仕事をすることはできません。**

数カ月、数年先の将来を予測し、計画を立ててそれを実行できないアマチュアリーダーは、大きなチームを動かすことはできません。将来までの道のりの全体像をメンバーに説明しないリーダーには、チームメンバーはついていくことができません。

一方、プロリーダーは、将来どのようなことが起こるのか想定し、きちんと計画をつくり、PDCAのPの部分をとても重視します。将来のビジョンを実現するために、今、何をすべきかの道のりを描き切る経験と能力を持っています。

Point!

プロリーダーはチームが行動する前に将来のビジョン実現に向けた道のりを描き切り、あとはそれを、チームメンバーが実行するだけの状態にすることができる

プロリーダーは、精緻な実行計画を事前に用意し、あとはチームメンバーをその実行計画に基づき動かすだけの状態をつくることができます。実行計画を見ながらメンバーがきちんと計画通りに取り組みを行っているかを管理すればよいという状態をつくることができるのです。

これは、戦国時代、戦（いくさ）が始まる前に地形や自軍・敵軍の状態を分析し、事前に緻密な戦略と戦術を用意する軍師に似ています。戦国時代の軍師は、事前に戦略と戦術という勝つための計画を立てていました。実際に戦が始まれば、軍師は当初の計画通りに、自軍や敵軍が動いているかを観察し、もしも計画とは異なる動きを自軍もしくは敵軍がした場合には、適宜、対応方針を自軍の部隊長に伝え、軌道修正を図ることでしょう。また、自軍の一部の部隊が敵軍に攻め込まれ、当初予定していた戦略を遂行できなくなりそうな場合には、そうならないように、敵軍に押し込まれている自軍の部隊に援軍を送ることでしょう。

プロリーダーも同様です。自分が率いるチームが成果を出すという勝利に向かって、将来にわたる詳細な道のりを描き、計画を立てます。チームメンバーには、この計画に基づいて活動させ、もし遅延していたり問題が生じていたら、すぐさま人員リソース体制の変更を行い、援軍を送り、解決方法を指導し、当初描いた路線に軌道修正をするといった采配を行います。

プロリーダーは、トラブルシューティングを価値ある仕事だと思わない

プロリーダーは、目の前に降ってくる仕事に対応することに自身の時間を使いません。また、何かトラブルが発生し、その解決に従事するということにも自身の時間を使いません。このようなトラブルシューティングは、あくまで当初計画では想定されていなかった問題を解決し、当初計画の軌道上に戻すためのものです。マイナスをゼロに戻すものです。当初の計画通りに、物事を進めるというプラスな効果をもたらすものではありません。そのため、プロリーダーは、リーダー自身が、トラブル対応にあたるのは、価値は低いことだと知っているのです。

プロリーダーが自身の時間を使うのは、当初決めた目標に向かって、チームメンバー全員が動いているか、路線から外れていないかを常に確認し、軌道修正をする時です。将来ありたい姿やチームとして達成したいことから逸れているメンバーがいれば、そのメンバーを当初予定の道筋へ戻すよう、工夫することに全力を注ぐのがプロリーダーです。

問題

あなたはどちらのリーダーがよりよいリーダーだと思いますか
一、個別にメンバーを会議室に呼び出し、進捗確認を行う
二、チームメンバー全員を一度に集めて、一人ずつ進捗確認を行う

二番のほうが、効率的でよいと考えられます。月曜日朝の朝礼も二番です。多くの人が二番は大切であるということには潜在的には気づいています。しかし、実際に効果を実感できている人は少ないと思います。その効果を記載すると左記のとおりになります。

一、進捗がよくないチームメンバーに対して緊張感を与えることができる
二、一人ひとりと会話をするよりもリーダーは時間を効率的に使うことができる
三、チーム内で知見・考え方や事実認識を共有できる
四、何かトラブルがあれば、すぐにチーム内で共有できる
五、チームの知見を総動員して、トラブル対応にあたれる

プロリーダーは、このような効果が得られることを狙って、チームメンバーを一堂に集めた進捗会議を行うことを心がけています。

真実⑩

アマチュアリーダーは、目の前のメンバーの
感情に配慮して個別面談を重視する
それによってチームがバラバラになることに
気づかない

プロリーダーは、チームメンバー全員の前で
よいことも悪いことも指摘する
チームメンバー個人のプライドへの配慮よりも
仕事ができていないことを問題視する

経営改革の事例10

重要性や緊急性が高い時こそ、チームメンバー全員が集まるミーティングの場を頻度高く設定する

これまでは、経営改革の事例として、C社の例を展開してきました。今回は、もう少し一般的な話を紹介しましょう。

筆者が大企業の経営改革を行う時、最も重視するのは全社一体となって整合が取れた歩みをさせることです。全社の経営改革とは、全社一丸となって行うものです。経営改革のテーマは多岐にわたりますが、部署ごとに担当を割り振るだけではうまく実行できず、足並みを揃えて協力をしながら進めていくべき経営課題も存在します。もし、一義的には、部署ごとに担当する課題を割り振ることができたとしても、各部署で実施される改革や仕事の成果は、連鎖的に他の部門へも大きく影響します。各部門が情報を抱えてしまうよりは、各部門が情報を他部門へ共有するほうが効率的に経営改革を行うことができる場合が多々あります。

例えば、主要取引先との取引条件の見直しの際には、実際の取引先との交渉や、意思決定は営業部の人間が中心となって行うことでしょう。ただし、進捗がどうなっていて交渉上の大きな論点は何かなどは、法務部も把握できていたほうが、社内稟議の際に法務部による差し戻しも避けることができ、手戻りの発生も避けることができるため、効率的でよいでしょう。このように部門間で情報共有していたほうが効率的なケースはよくあります。

そのため、私自身は各部門が、部門間で現在取り組んでいる経営課題の情報共有を行うことを非常に重視しています。

経営改革では、これまでに誰も取り組んだことがない大きな課題に、全社一丸となって取り組みます。もし、足並みが揃わず、各部がバラバラな動きをしてしまうと、その部が管轄している数千人の従業員の動きをムダにしてしまう可能性をはらんでいるため、進捗コントロールには細心の注意を払う必要があるのです。

〈筆者が全社的な経営改革の進捗管理をする際に重視する観点〉

一、会議に参加している各部の部長だけではなく、その部長が抱えている何千人もの従業員を想像する

二、各部の取り組むステイタスや進捗を明らかにし、それを全部門が把握できる状態にし、各部が単独で整合性を欠く行動をとることを防ぐ

三、トラブルを抱えている部署には、トラブルの内容を各部長の前で全体に報告させ、各部が協力し合い、助けを求められる文化をつくる（部門間の壁を取り払う）

四、遅延している部署に対しては、遅延していることを全体の前で発表させ、その部署の遅延により全体に迷惑がかかっていることを理解させる

私が経営改革の企業参謀としてその会社に初めて立ち入る際には、まずは各事業部のトップや各部長と個別に面談を行います。そこでこれまでの業績不振の理由や各部長が独自に考えている

こと、本来改善すべきだと考えていること、会社全体の問題点、その部長が取り組みたいことなどを、面談を通して把握します。

それにより、経営改革で取り組むべき事項の優先度とインパクトの大きさを踏まえて最も初期に着手すべき施策を選び出します。ここで出てきた多数の施策の進捗管理を、276ページの〈重視する観点〉を活かして、同時に行います（もちろん、第3章で説明した小さな成功体験を考慮します）。

具体的に各部署やチームを動かす技の詳細については、本章で詳しく解説します。

プロリーダーの思考術10

チームメンバーがどこまで何を達成できているのか自分で説明できるように、仕組み化する

チームリーダーは、チームメンバーの仕事の取り組み状況を、きちんと把握している必要があります。達成遅延を発生させているチームメンバーには、援軍を送ったり、軌道修正のためのディレクションをする必要があるからです。プロリーダーは、チームのメンバーがどのような状況に置かれているかをすぐに説明できる状態にすべく、情報共有の仕組み化に工夫を凝らします。

〈重要〉

プロリーダーが進捗を確認しているのは、「メンバーが今、何を行っているか」を把握するためではありません。メンバーが今、どこまで何を達成できているかという目線で進捗確認を行います。第2章でも説明したとおり、チームリーダーが気にするべきことは、メンバーの行動ややり方などの業務手法ではなく、あくまで「いつまでに何を達成できているか」です。

プロリーダーは同時に複数の進捗を見渡せる仕組みをつくる

リーダーは、自分が率いる複数のメンバーの仕事の進捗を効率的に把握し、問題が生じたら指示を出すなど問題解決に向けてなんらかの対応策を実施する必要があります。

だからといって、そのために一人ずつに向き合い、一人ずつ進捗確認を行い、チームメンバーに寄り添いながらチーム全体を動かしていくという方法はあまりに非効率です。プロリーダーはこのような非効率的な方法は避けようと努力します。**どのようにすれば、チームメンバーの進捗を簡単に把握でき、手間なくチームメンバーをコントロールすることができるか、その仕組みを考えることに頭を使います。**

そこで、プロリーダーは、多数のチームメンバーから、一括して進捗情報の収集を行い、同時に複数のチームメンバーを動かす方法をとります。これがチームメンバーを一堂に集めて行う進捗共有ミーティングなのです。

そのためには、リーダーは事前に各チームメンバーがいつ何をやっていくべきなのか、将来を予測し、道のりを描いておくことが必要になります。事前にどのようなタスクが発生し、いつ誰がそれを行うか道筋を見通しているからこそ、実際に実行する際には、チームメンバーを一括して管理することができるのです。このように、各メンバーがいつ何を行っているのかという道筋をリーダーが事前に用意しているからこそ、メンバーを一堂に集めて、週次で進捗確認を行う時に、そのメンバーの進捗は遅いのか速いのか、各部署との足並みが揃っているのかいないのかを、リーダーが瞬時に判断することができるのです。

一方、アマチュアリーダーは場当たり的です。どのメンバーがいつ何をやっているのかは事前に想像しません。というよりも、想像する力がなく、自分の管理下のメンバーの人数分の将来見通しを持つことができません。各メンバーが責任を負っているすべての領域について精通しておらず、また、想像する力もないため、広い視野で全体の将来の道筋を描けません。

そのため、チームメンバーが一堂に会する進捗会議を仮に行ったとしても、進捗共有という名のもとに、その場で進捗をメンバーに尋ね、場当たり的に判断するのです。各チームメンバー間での活動の整合や、そのチームメンバーが当初の予定よりも遅延していて加速すべきなのかといった判断指標となる道筋を事前に作成できていないために、事前に用意した道筋と比較することができず、その場で主観的で場当たり的な判断をしてしまうのです。チームメンバー一同をまとめあげて、足並みを揃えてチームを動かすことができないのです。

アマチュアリーダーは、メンバーの心情に配慮してメンバーと個別に会話をする　プロリーダーは、他のチームメンバーの前で会話をする

アマチュアリーダーは、メンバーの心情に配慮しようと、様々な物事に関して個別に確認し、ディレクションを行います。しかし、プロリーダーは他のメンバー皆がいる場でディレクションを行います。

アマチュアリーダーが無意識のうちに、各メンバーと個別に進捗確認を行いがちな背景には、大きく4つあります。

・次に何をするか事前に決めた道筋がないから、議論が長くなってしまいがち。そのため他のメンバーがいる場で長時間議論するのは適切ではないと考える
・自分が正しい判断ができるか自信がない。他のメンバーに横から口出しをされたくないから皆に聞こえる場でディレクションを行いたくない
・担当メンバーから不意に何か質問されたり、指示を求められてもアイデアがなく、即答できないと感じてしまう
・作業の進捗が遅れていることを、メンバーから相談された際に遅延を許してしまいそう。で

も遅延を許すと他のメンバーのやる気にも影響するため、個別に遅延を許容するか否かを判断したい

これらはすべて、アマチュアリーダーが持っているダメな考え方です。

リーダーが事前に将来を予測し、各メンバーがいつ何をやるかを設定していないがために起こることです。事前に各メンバーの将来の動きを予測し、整理していれば、すでに決まった道筋のとおりにメンバーは実行するだけなので、ネクストアクションについて長い議論になることはありません。また、すでに正しい道のりを示しているので、他のメンバーに横から口出しされても怖くありません。

プロリーダーは担当メンバーから不意に質問をされても、将来を予測した際に一度は自分でどのようなことを行うのがベストであるかを考えた経験があるため、すぐに返答することができます。その上、事前に将来の動きを計画として作成し配布しているため、メンバーの前で堂々と遅延を指摘し、遅延を解消するように強く指示することができます。

当初予定と比較すると遅延は明確であるため、遅延に対して早期に解消するようプレッシャーをかけることができます。

しかし、アマチュアリーダーは、「チームにとって今後必要なことや、各チームメンバーが行うことを網羅的に洗い出して将来を想像し、自らの案としてどの方法が最もよさそうか考える」ことを行ったことがなく、これをすることができないのです。

ここまで記載したとおり、プロリーダーは進捗状況を定期的にチーム皆のいる場で共有することに重点を置いています。

進捗が遅れていることを、皆の前で指摘されれば、その遅延しているチームのメンバーは危機感を覚えて仕事を加速するよう努力するでしょう。

また、チーム皆のいる場で共有させれば、その遅延しているメンバーが、遅延の要因となっているボトルネックを（言い訳としてでも）皆に対して説明することになるでしょう。すると、他のメンバーからはその遅延しているメンバーに対して、ボトルネックの解消方法を助言したり、協力を申し出ることができるでしょう。

なお、プロリーダーは皆の前で遅延者を指摘し、奮起を促す場合には、公平な指摘であることを重視します。

リーダーが独断で作成した当初スケジュールではなく、メンバー自身も関与して作成した当初

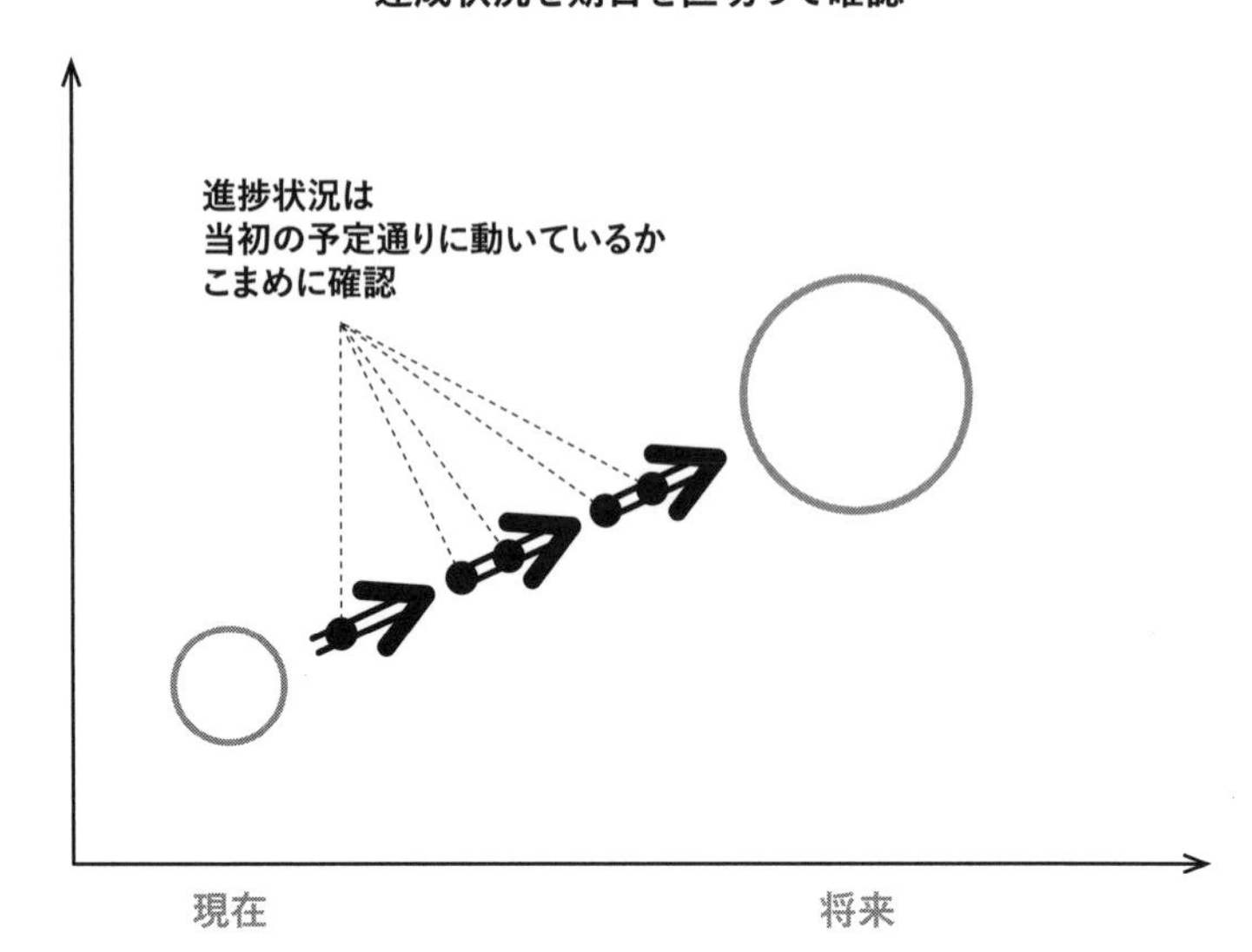

スケジュールだからこそ、遅延した場合には、他のチームメンバー皆がいる前で、遅延を発生させたメンバーを問い詰めることができるのです。

もしこれが、メンバー自身が関与して作成したスケジュールではなく、リーダーが一人で作成したものだったとすると、リーダーは、無理難題のスケジュールを作成したうえで、それが遅延するとチームの皆の前で遅延を是正するように厳しく指摘するという、悪いチームリーダーになってしまいます。

そうならないように、事前に、メンバー自身で、進捗が遅延しているのか、判断の目安となるガントチャート（やることとスケジュールシート）を作成させるのです。後に紹介しますが、プロリーダーは各チームメンバーに対して、細かくやることを記載したガントチャートをメンバー各自が作成するよう指示をします。

メンバー自身が作成したそのスケジュールと比較すると、実際の仕事は遅延しているかどうかが明らかにわかりますので、遅延している場合には、リーダーはメンバー自身で立てたスケジュールであることを理由にし、遅延に対して強く是正を促すことができるのです。

明日からの実践10

フレームワークを使うことで、チームの進捗はラクに管理できる

チームを動かすリーダーにとって、チームメンバーが当初の予定通りに動いているかを管理することは、重要な役割の一つです。

多数のチームメンバーが、同時に多くの仕事を遂行している中で、すべてのメンバーの進捗を一つずつ個別に管理することは大変な労力を必要とします。そのため、共通化できるプロセスをまとめ、フレームワーク化することで、類似の進捗管理作業にかける工数をできるだけ削減するよう心がけましょう。

チームメンバーが自発的に報告するのを待ち、結果、チームメンバーごとに異なるフォーマットで進捗報告をされては、リーダーにとっては負担となります。**各チームメンバーからバラバラに進捗報告をされるのを避けるべく、リーダーが率先して、進捗報告のルールをつくるのがよいでしょう。進捗管理フォーマットを一つに統一します。**さらに多数のチームメンバーを同時並行

で管理するために、進捗報告提出期日や定期進捗共有ミーティングの日程はリーダーであるあなたが設定するとよいでしょう。

ステップ1：達成予定一覧表作成

まず各チームメンバー、もしくはテーマごとに第5章の156ページで説明した『達成予定一覧表』を作成させます。メンバーが抱える達成すべき目標を明らかにし、そのうえで1カ月、3カ月、6カ月、1年、2年、3年先に何を達成しているべきかを記載してもらいます。

ステップ1：
達成予定一覧表の作成

達成予定一覧表

	1カ月目	3カ月目	6カ月目	1年目末	2年目末	3年目末
A.XXXを実現する	XXXができている	XXXができている	XXXができている	XXXができている	XXXができている	XXXができている
A① XXX						
A② XXX						
A③ XXX						
B.XXXを実現する	XXXができている	XXXができている	XXXができている	XXXができている	XXXができている	XXXができている
B① XXX						
B② XXX						
B③ XXX						

ステップ2:ガントチャート(やることスケジュールシート)作成

次に、達成予定一覧表に記載した内容に基づき、ガントチャート(やることスケジュールシート)を作成させます。ここでのポイントは、大きなタスクを3日程度のタスクに分解することです。

その理由は、週次で進捗確認をする際に、当初の予定よりも遅れているか遅れていないかを明確に区別できるようにするためです。悪い例ですが、また、3日程度のタスクの遅延であれば、頑張れば巻き返せる可能性があるためです。悪い例ですが、2、3週間程度の大きなタスクを遂行することを表現したガントチャートをよく見かけます。しかし、これは、進捗管理を行いたい人間にとっては不十分です。2、3週間、そのタスクの進捗が遅れているのか順調に進んでいるのか、ガントチャートから把握することができません。さらに、2、3週間たってから、実は作業が遅れていると発覚しても、もはやキャッチアップすることは難しいでしょう。このような観点からも、メンバーに作成させるガントチャートのタスクは、できるだけ細かく3日程度で完結できるタスクに分けて作成することが大切なのです。

ステップ 2:
ガントチャート
（やることスケジュールシート）作成

ガントチャート（やることスケジュールシート）（初期検討版）

	進捗	8月					9月		
		27日	28日	29日	30日	31日	1日	2日	3日
A①XXX									
XXX		■	■						
XXX			■	■	■				
XXX					■	■	■		
A②XXX									
XXX		■	■						
XXX			■	■	■				
XXX					■	■			

……

Point!

ガントチャートの作成にはリーダーは深く関わらず、実際に実務を行うメンバーに作成を任せる

本書ではリーダーは達成すべき目標は設定するが、チームメンバーの業務やそのやり方についてまでは踏み込んで管理しないと説明してきました。この考え方はここでも同じです。達成予定一覧表は、達成目標を記載するものです。達成目標の設定については、リーダーはメンバーと議論をし、深く関与していきましょう。

しかし、**ガントチャートは、タスクを記載するものです。ですので、リーダーはガントチャートには踏み込まずチームメンバーに作成させましょう。なお、チームメンバーが自身で作成すると、高いコミットメントをもって遂行してくれるというメリットを得ることもできます。**

ステップ3：週1回の進捗共有

最後に、定期的にチームメンバー全員を集める進捗共有ミーティングを設定します。このミーティングの中で、各チームメンバーに進捗を報告させ、進捗に関するやりとりを皆がいる場で行うのです。

なお、進捗共有ミーティングでは、事前にガントチャートや進捗共有フォーマットを更新し各

ステップ3：
週1回の進捗共有

ガントチャート（やることスケジュールシート）（実運用版）

	（担当者）	進捗信号	8月					9月		
			27日	28日	29日	30日	31日	1日	2日	3日
A①XXX	～～									
XXX	～～	●赤	■	■						
XXX	～～	●黄		■	■	■				
XXX	～～	●青				■	■	■		
A②XXX	～～									
XXX	～～	完了	■	■						
XXX	～～	●青		■	■	■				
XXX	～～	●青				■	■			

進捗共有フォーマット

	今週の進捗状況	困りごと 助けてほしいこと
A①	XXX	XXX
A②	XXX	XXX

メンバーに提出させておくとよいでしょう。事前にメンバーから受け取った情報を基にリーダー自身が、各メンバーの業務が遅延しているか否かを判断し、進捗の状況を示す青／黄／赤信号を最終的に見直します。ここでのポイントは、信号の色は担当者である本人以外に決めさせることです。リーダー自身もしくはリーダーの補佐役を務めている人間が行うとよいでしょう。こうすることで、担当者は、リーダーに赤信号や黄色信号をつけられて、他のチームメンバーのいる場で遅延について言及されないように、頑張って自身のやるべきことを進捗させるようになるでしょう。

第11章

本当のリーダーだけが持っている力

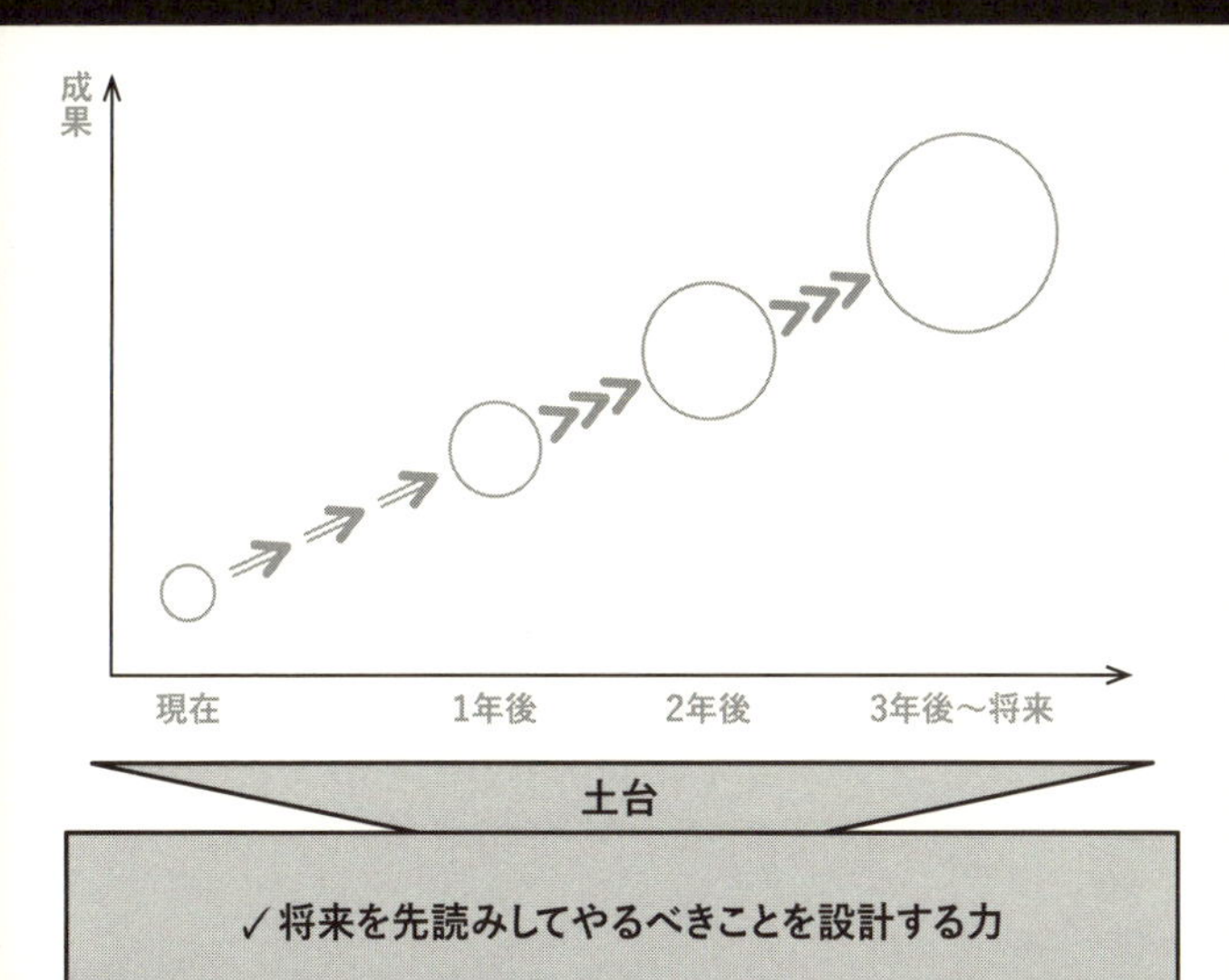

あなたが目指すリーダーの理想像はありますか。または、なりたくないリーダー像はありますか。最も多くの人がなりたくないと思うリーダー像とは、当たり前ですが部下から信頼されないリーダーだと思います。ここで、部下から信頼されない上司の例をいくつか挙げます。

一、指示がコロコロと変わる。場当たり的に仕事をしているように感じる

二、抱える仕事がいつも炎上していて、長時間労働をしている

三、理想論ばかり言っているが実際には何もできない

では、何が問題なのでしょうか。これらの上司は、将来を先読みする力が不十分ということです。3年後、5年後といった遠い将来や一歩二歩先を想像して、そこにたどり着くまでの道のりを描く力がない上司は、理想論ばかり言って指示もコロコロ変わり何もできません。1週間後、1カ月後、1年後、5年後に何を達成しなければいけないのかを予測できて、達成までの一筋の道のりが見えている上司は、自分の考えや部下への指示に一貫性が生まれるため、指示がコロコロ変わったり、場当たり的に仕事をすることはありません。また、どのようなトラブルが起こる可能性があるかリスクを事前に感知して、リスクを抑え込む動きをとることができるため、仕事が炎上することはありません。将来を先読みしてやるべきことを設計する力を持っているのです。

それでは、よいリーダーを目指すあなたが、この力を鍛える方法を紹介しましょう。

真実⑪

「将来を先読みしてやるべきことを設計する力」を鍛えなければよいリーダーにはなれない

「将来を先読みしてやるべきことを設計する力」を鍛える

先の仕事のことはわからない、自分の部下が2、3カ月先に何をやるべきか、すぐに思いつかない人は、リーダーとしての実力が不十分です。**部下を率いることのできるよきリーダーは、1週間、2週間、1カ月、3カ月、半年、1年先まで、部下が何をやるべきか将来が見えています。大企業の経営者やよいリーダーは、今この瞬間から3年、5年先まですべての部署がそれぞれ歩むべき道のりが見えています。**

もし、あなたがまだ数カ月先のことが見えないと思うのであれば、見えるようになるまで努力してください。常に将来を予測しようと意識してみてください。あなたやあなたのチームメンバーが3カ月後どのような仕事をやっているのか、答えようとしてみてください。あなたの率いるプロジェクトで3カ月後、半年後に何をする必要があるのかを想像しようとしてみてください。頭を使って将来を想像することは初めは苦痛を伴います。将来を考えるのは疲れますし、放棄したくなるかもしれません。しかし、根気強く、毎日、繰り返し意識して考えてみてください。すると自然と考えることが苦痛ではなくなり、いつの間にか習慣化してきます。繰り返し考える努力をすれば、いずれ無意識のうちにこれができるようになります。リーダーとしてチームを動かす際に、必要なあらゆる場面でこの力は生きてくることでしょう。

それでも、将来は想像するのが難しいと思われるあなたに、ヒントを差し上げましょう。すでに本書では十分に将来を予測し、その将来にたどり着くまでの道のりを考えるための手法をご紹介してきました。第1章に則って、あなたの仕事のビジョン・目標をまずは考えてください。第5章で説明したブループリント（将来達成事項シート）のつくり方や、第10章で紹介した達成予定一覧表やガントチャート（やることとスケジュールシート）を作成してみてください。これらのフレームワークを使って、将来を予測する練習を繰り返すうちに、高い精度と、幅広い視野で将来の道筋が見えるようになり、そのために今何をすべきかが明確に語れるようになることでしょう。

あなたがこれらの力を身につけ、リーダーとして活躍されることを期待いたします。

Column

気を抜くと数十億円以上の損失を発生させてしまうM&Aの交渉現場

筆者は、M&Aのアドバイザーとして、数々のクロスボーダーM&A（国籍の異なる企業間のM&A）の交渉に携わった経験があります。総計で数千億円分の企業価値に相当するM&Aを行ってきました。M&Aによる提携は、多額の金額をかけ、旧株主と新株主の間の激しい交渉の末に成立します。ここでは、M&Aの交渉の現場をご紹介します。

本当のM&Aとは、新株主、既存旧株主、対象会社の3者皆が幸せになるための取り組み

M&Aの交渉の場に出てくる関係者は、買手（新株主）、売手（既存旧株主）と売却される企業（対象会社、被買収会社）の3者です。M&Aの交渉における意思決定権限者は、対象会社のオーナーである既存旧株主と株式の譲受を希望する新株主です。対象会社の意向は一定程度反映される機会もありますが、基本的には対象会社は売却をされる立場で、かつ取引対象となる株式の所

有者ではないため、交渉時の発言力は弱くなります。

M&Aとは本来、3者全員が幸せになるための取引です。買手は、対象会社の将来性に魅力を感じて高額を支払い、買収します。売手は、自身がオーナーであるよりも、買手のほうがよりよい対象会社の将来をつくっていくことができると信じて売却を決定します。対象会社にとっては、自分たちの会社に高値をつけてくれた買手の傘下となるわけであり、今後、対象会社の成長をコミットしている買手が買い取ってくれると考えることができます。すなわち、M&Aとは、3者にとってメリットがあるものなのです。筆者はM&Aは3者にとって夢を与えてくれる取引だと信じています。交渉の最後には3者が手を取り合い、対象会社の今後の成長に期待をするのがM&Aです。

M&Aの交渉は戦国時代の戦場と同じ

交渉の最後には手を取り合うM&Aですが、そこに至るまでの株式買い取り条件検討プロセスでは、激しい交渉が繰り広げられます。相手の出方を探る戦いになります。交渉期間中には、数々の意思決定が行われますが、一つの間違った意思決定が将来の数億円、数十億円単位の損失や多数の従業員の将来を脅かすことにつながりかねません。戦国時代の戦を例に、一つずつM&Aの現場と戦国時代の類似点を見ていきましょう。

虚偽申告をしないという暗黙のルール以外は、かなり自由に条件交渉できる

戦国時代の戦場では、各武将の名誉を重んじ、大将首が取られたら負けであるといった、双方に暗黙のルールが存在していました。M&Aも同様です。M&Aは総合格闘技と呼ばれるように、特に決まった形式や交渉ルールは存在しません。どのような情報を使い、買い取り価格を算出し、価格の他にどのような双方の約束事（買い取り条件や合意事項）を導き出すかは、対象会社の業種、置かれた環境によって様々です。売手・買手の双方で相談しながら進めていきます。

（なお、売手や対象会社が買手に提示した情報に虚偽はないことを表明保証する〈宣誓する〉、交渉の過程で一度同意したことについては覆さない、合意事項は契約書に明文化し、されていないものは有効性を持たない、など一定程度のルールは存在しています）

事前の情報収集にもとづき、交渉戦略を立てる

戦国時代では、戦が始まる前に、相手の出方を想像し、事前に戦略を立てますが、これはM&Aの交渉でも同じです。買手はまず、対象会社を隅々まで調査し情報入手を行います（いわゆるデューデリジェンスプロセス）。その後、買手は、対象会社に関連して将来発生するであろうあら

ゆるリスクの取り扱い方法を検討します。買い取り条件にそれらのリスクは売手が負うことを明記したり、これらのリスク分だけ買い取り価格を減額したりといった複数の対応方法と交渉戦略を考えます。売手は、買手がこのような戦略を取ってくると予想して、なるべく不利にならないよう、売手への情報提示の際に説明の仕方を工夫するなど、事前に予防策を検討します。このように、M&Aでは、交渉の全体戦略を双方が検討し、少しでも自社にとって有利になるように、交渉プロセスを進めるのです。

なお、このデューデリジェンスプロセスでは、買手は、かなり徹底的に対象会社の情報収集を行います。過去の取締役会資料や決算資料などの重要情報はもちろんのこと、取引先一覧、顧客から受けているクレーム状況、訴訟状況、従業員の懲戒情報、使用しているITシステムとその金額、対象会社が所有中または申請中の特許一覧など、対象会社のありとあらゆる情報を入手します。なぜなら、小さな情報の見落としが将来何千万円、何十億円といった損失につながりかねないからです。例えば、M&A後に、対象会社が製品瑕疵（かし）などのなんらかの訴訟で賠償を求められた場合には、その賠償費用は対象会社が支払うことになり、それはすなわち新親会社である新株主が負担することになる可能性があるからです。このような事態になることを避けるために、買手は買収前に徹底的に対象会社の調査をするのです。

相手が専門家を用意するなら、こちらも専門家を用意する

戦国時代では、戦場となる地域に各武将が配置されます。敵方の武将の配置を見て、その配置に対抗できるように自軍の武将の配置を行います。M&Aの交渉でもこれは同じです。M&Aの交渉論点は多岐にわたりますが、その各論点において、自分が有利に交渉できるように、売手は自社の担当者や専門家をアサインします。すると買手も、それに対抗できるように、各論点に関して、自社の担当者や専門家をアサインするのです。結果的に双方の持つ業界知見や専門性は同等となり、交渉力は拮抗するケースが多く見られます。

また、戦国時代の戦場では、力が拮抗している状況でも、大将は各武将をコントロールし、どこは強く攻めて、どこはあえて守りを弱くするのかを判断したと思います。M&Aも同様です。全体を統括し、大将の役割を担うM&A担当者やその参謀であるFA（ファイナンシャルアドバイザー）が、どの論点は相手に譲り、どの論点は譲らずに勝ち取りに行くのかを全体を見ながら判断していきます。

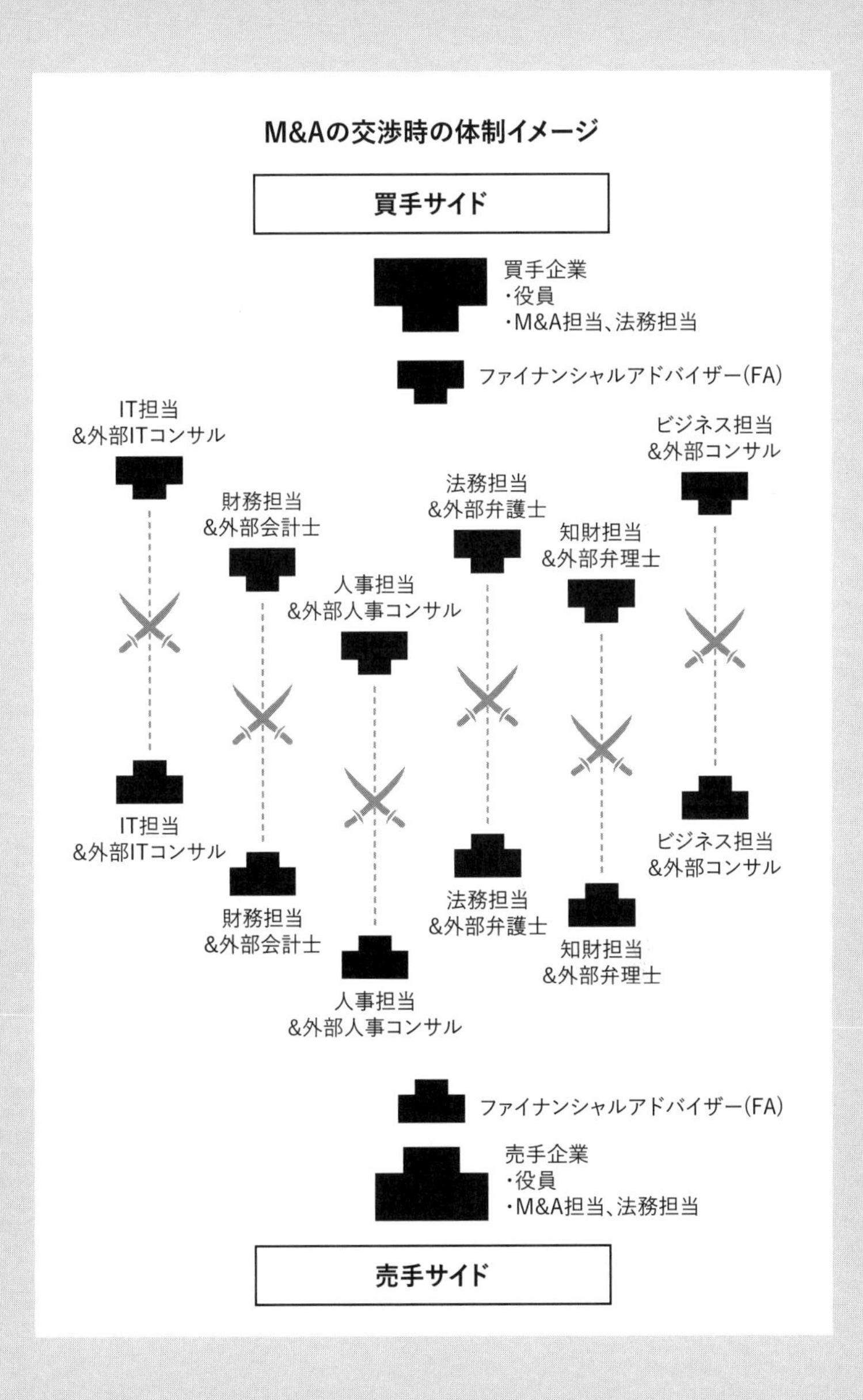
M&Aの交渉時の体制イメージ
買手サイド
買手企業
・役員
・M&A担当、法務担当
ファイナンシャルアドバイザー(FA)
IT担当
&外部ITコンサル
ビジネス担当
&外部コンサル
法務担当
&外部弁護士
財務担当
&外部会計士
知財担当
&外部弁理士
人事担当
&外部人事コンサル
IT担当
&外部ITコンサル
ビジネス担当
&外部コンサル
法務担当
&外部弁護士
財務担当
&外部会計士
知財担当
&外部弁理士
人事担当
&外部人事コンサル
ファイナンシャルアドバイザー(FA)
売手企業
・役員
・M&A担当、法務担当
売手サイド

長期間の交渉も想定内

戦国時代では、1日で終わる戦もあれば、籠城戦などの、何カ月間もかかる場合もあります。また、昼夜を問わず戦いが繰り広げられます。M&Aの交渉も同様です。買収価格や対象会社の規模に関係なく、すべてのプロセスが4カ月程度で終わることもあれば、1年半以上にわたることもあります。実際筆者が経験したM&Aでも、双方早く買いたい・売りたいという希望が合致した場合には、4カ月程度で終了することもあれば、双方どうしても譲らない論点が存在する場合には、1年半以上かけて交渉を行ったケースもありました。

また、連日明け方まで交渉を行うというケースも存在します。筆者が経験した最も激しいM&Aのケースでは、買手、売手双方のM&A担当者や弁護士が、一つの事務所にこもりっきりになり10日間以上過ごした経験があります。帰宅するのは、数時間、シャワーを浴びるためであり、その他は、朝9時から翌日の日が昇るころまで交渉を続けるというケースです。筆者も職業柄、深夜まで仕事をすることには慣れていましたが、交渉相手を目の前にし、発言内容や机の上に置く資料ですら相手から見えないように気を使うなど、気を抜けない環境でかなり疲弊をした経験を覚えています。

十分な知識を持たず専門家も使わずにM&Aをやってはいけない

M&Aの世界は非常にタフです。相手の弱みを見つけて、少しでも有利にできないか、様々な変化球で攻め込みます。嘘をつくことは決してしませんが、M&Aの交渉相手はタフネゴシエーターであり論理的に攻めてきます。双方で様々な将来のリスクやトラブルを想定し交渉が繰り広げられるため、1000ページにも及ぶ分厚い契約書ができあがることは普通のことです。また、相手方が、意図的に情報をメディアへリークし、交渉を有利に進めようとすることもあります。このようなM&A交渉を知識豊富な専門家を活用せずに行うのは、とてもリスクが大きいと言わざるを得ません。

近年、会社を承継したい、個人で小型のM&Aを行いたいという話をよく耳にしますが、これらを考えている方は、とても慎重にM&Aを行うべきだと私はアドバイスしたいと思います。

M&Aを斡旋する多くの会社は、仲介業者です。仲介業者は、M&Aが成立すれば収入が入るため、どちらか一方の味方になってくれません。あなたにとって不利な条件での交渉が進んでいたとしても、あなたの味方になってアドバイスをしたり、時にはM&Aを中断したほうがよいと進言してくれることはないでしょう。

また、十分な条件交渉がされないまま、数十ページの薄い契約書でM&Aを行う際には十分に注意をしてください。薄い契約書は、取り扱いが双方で合意されていないリスクが多数存在していることを意味します。

あなたが、売手であれば、買手はリップサービスをし、いいことしかあなたに言いません。例えば、従業員は大切にし、買収後も解雇しないなどと発言することでしょう。しかし、この発言が契約書に記載され明文化されていなければ、まったく意味はありません。口約束は破ってM&A終了直後に人員削減を行うかもしれません。

また、あなたが買手であれば、売手はあなたにとって都合のよいことしか言いません。嘘はつかないまでも、あえて売手にとって不利となる情報は隠すことでしょう。

仮に、売手が大企業の本社で、対象会社はその企業グループの子会社であったとします。対象会社は、本社が所有する特許技術を用いて製品開発を行っていたとします。もし、買手であるあなたがこの事実を十分に調査せずに、M&Aを行い対象会社を買収すると、M&Aの翌日からこの対象会社は、これまで製造していた商品を製造することができなくなってしまいます。なぜなら、特許技術は、M&Aの売却対象に含まれていなかったためです。本社が所有している技術であり、M&Aによってグループから外れた対象会社は、無断でこの技術を使用することができなくなってしまうからです。

また、ITシステムも同様に、対象会社が、売手本社の契約するITシステムを利用していた場合、M&Aの翌日から、一切のITシステムを対象会社が利用できなくなり、事業が停止してしまうリスクがあります。このようなトラブルが万が一発生したとしても、M&Aの業界では、それは十分に調査してこうしたリスクが起こらないように、なんらかの対応策を契約書上に明記して合意をしていなかった買手の責任とみなされます。

このように、素人がM&Aを行った場合、本来は契約書で手当てをすべき重要な観点やリスクが抜け落ち、結果的に大損害を被るということになりかねません（現に、素人でなくとも大企業でもM&Aによる減損を発生させ、多額の損失を出している企業はとても多く存在しています）。そのため、もしも、あなたがM&Aを行いたいと考えるのであれば、とても慎重に検討すべきであることをアドバイスしたいと思います。

エピローグ

ここまで海外のプロリーダーの事例を説明してきました。最後に、海外から称賛される日本の事例を紹介させていただきます。

Point!

日本のよきリーダーは、次世代の成長のために、会社文化をつくり上げる

日本のリーダーには、海外のリーダーのように短期的には成果を出せなくても、長期的な目線で会社文化をつくり出し、会社を存続させることに長けている人がいます。

このようなよきリーダーがいる会社は北海道に存在します。従業員規模200名程度の農機具メーカーです。世界的にその生産効率性が評価され、各国の大使や様々な外国人が視察のために訪問します。

筆者が、この会社を訪問した時に、大変驚いたことがあります。それは、ポルフ20Keys

（20項目からなる組織革新のためのプログラム）と呼ばれる仕組みを用いて、在庫管理ができるようにしていたことです。そして何より驚いたのが、この在庫管理の仕組みを文房具などのあらゆる備品に導入しており、ボールペンの替え芯一本ずつを、ひと目で在庫本数を確認できるように、手作りの台座を作成し保管していたことです。世の中のほとんどの会社は事務用ボールペンの替え芯は、輪ゴムで束ねており保管在庫本数も把握していないのに対して、この会社では、替え芯を一本ずつ置くことができる台座を自作して在庫の保管をしていました。その台座は厚紙を組み合わせて立体的かつ丁寧につくられていました。一見すると、たった数十円のボールペンの替え芯の在庫管理を徹底するために、手間ひまかけて手作りの台座をつくり一本ずつ替え芯を並べて保管することは、人件費を考えてもあまりに非効率なことに感じてしまいます。しかし、このような台座の作成を指示したリーダーには2つの狙いがありました。

一つ目は、「どんな物事でも仕組み化することで、効率性を上げられることを社員に体験してもらう」ということです。そして、自身の通常業務についてもくり返し発生する作業は仕組み化し、効率性を高めてもらうきっかけとなることを狙っていました。

ボールペンの替え芯のために台座をつくることは、当初は手間がかかり無意味に思われたことでしょう。しかし、一度つくってしまえばその後はこの台座のおかげで在庫数量が一瞬で数えられるようになり、これまでのように輪ゴムで束ねられた替え芯の本数を毎回数えるといった手間がなくなっていました。この身近な実体験から、社員たちは、物事の〝仕組み化〟やルールに則った在庫管理は当初は面倒で大変なことであるが、一度仕組みをつくってしまえば、その後は毎回非常に効率よく作業ができるということに気づいたことでしょう。

2つ目は、金額の大小に関係なく、調達部品や会社の資産はムダなく使いきるという精神を養ってもらうということです。〝たった数十円のボールペンの替え芯でも、ムダな発注をせぬよう、大事に在庫管理をして扱わなければならない〟という精神は、この文房具の在庫管理の仕組みを導入することによって社員に浸透したことでしょう。このようなマインドセットは、本業の農機具製造の過程でもきっと反映されていることでしょう。

このように、**日本のよきリーダーは、従業員の精神をつくり上げていく力があります。従業員のマインドを変え、会社の文化をつくり上げていくことができるのです。**

海外のプロリーダーは、短い期間でも確実な成果を出せるプロリーダー術を持っているのに対して、日本のリーダーは、会社の文化を醸成する高い能力を持っています。

世界のプロリーダーに学び、日本のよいところは残すことで、日本のあらゆる企業が競争力をつけ、世界のどの企業よりも素晴らしい企業となり、世界市場で勝ち残っていくことを切に願っています。

メンバーの顔を想像して意思決定を下せるリーダー

業績が悪い会社やその社員に対して、「あの会社はダメだ」「業績が悪いから無能だ」「クビを切っても仕方がない」と言うリーダーがいます。会社の業績や成績だけで評価し、見下す人がいます。業績数値だけを見て、会社や社員が有能か無能かを判断する人がいます。数字でしか判断せず、会社の従業員のクビを切ったり、事業を撤退することを、机上で簡単に決めてしまう人たちがいます。自身の保身のためにそれを平然と口に出して言う人がいるのも事実です。

しかし、このようなリーダーは決して、よいリーダーにはなれないと筆者は考えています。

もし、このような物言いで、会社のことを評価する人がいれば、私はその人に言いたい。「まずは、会社に飛び込んで、一人ひとりの従業員のことを想像してほしい」と。

業績が奮わず撤退を検討している事業は、数十人の人間が長い年月をかけて培ってきたものかもしれません。その事業を立ち上げ、維持するために人生をかけた人もいるかもしれません。その事業によって生活が成り立っている従業員もいます。事業撤退が要因で、父親が地方転勤になってしまったり、学校に行けなくなってしまったりする家族がいるかもしれません。このように人生に影響を被る人たちに対して、**「業績が奮わない赤字事業を運営していたのは、その事業の**

役員や社員の自己責任だ、無能だ」と言って、切り捨ててしまうのはあまりに安易だと、筆者は考えます。

私自身、事業再編という言葉の下に、事業統合や撤退、現地法人の閉鎖などの意思決定に携わることがあります。もちろん会社は営利目的の法人であり、他の事業を守るという観点からも、最終的には赤字の事業は撤退せざるを得ないでしょう。しかし、事業を潰す意思決定をする前に、一歩立ち止まって、事業を立ち上げた誰かの努力や、事業維持をしてきた誰かの努力を振り返ることができるリーダーで、私はありたいと考えています。

今回、私はプロリーダー論を記載しました。来期予算数値を設定したり、KPIを設定したりすることで、その人の成果を数値で評価するという考え方を説明してきました。しかし、だからといって、簡単にチームメンバーを否定したり、事業や会社を否定し、簡単に上から目線で物事を判断することを推奨しているわけではありません。**誰に対してもフェアであり、効率性を高めるためにプロリーダー術を活用するのであって、本書に記載したことは、リーダーが権威を振るうためのものではありません。**

私は、経営改革計画や再建計画を考える時、まずはそこの会社の従業員一人ひとりの顔を思い浮かべようと努力します。その会社の空気と文化を感じようと、現場やオフィスの片隅にでも座らせてもらいます。

難しい経営判断、特に事業撤退や早期退職者の募集などに関わる経営判断をする時こそ、それにより影響を受ける従業員の空気を感じて、顔を思い浮かべて、その決定の重みやそれによって生じる苦しみを理解した上で、意思決定を下したいと考えています。机上で論をかざすのではなく、現場の従業員の顔を思い浮かべられる、そんなトップリーダーが増えることを願っています。

対局な考えを持つ相手を否定せず、相手の見ている世界を見ようとするリーダー

私はよいリーダーは高い想像力を持った人間であると考えています。メンバーの見えない経験値を想像する力、その人が背負っている生活を想像する力、事業を動かしている末端の人間を想像する力、新しい取り組みを行う際には何を行うべきか将来を読む力、意見がぶつかった際には相手がなぜそのような主張をするのか背景を想像する力です。自身が見えていない世界のことを語る人に対して、あいつはダメなやつと決めつけるリーダーは、想像力が乏しいアマチュアリーダーです。

自分の知っている世界、見えている世界がすべて正しく、自分の言っていることと異なる主張をする人は間違っている、相手の知識不足だと、考えてしまうリーダーは、アマチュアリーダーです。

このようなアマチュアリーダーは、ある一定の分野では秀でた能力を持っているかもしれませんが、チームメンバーの持っている本当のよさを発見することもできないでしょう。**役職の上下にかかわらず、自分が知らないことを主張する人から学ぶという姿勢を持てないアマチュアリーダーは、周囲の人間の知見を取り入れて自分の考えを進化させることもありません。**このように、周囲の人間の言葉を一歩立ち止まって聞くことのできない人間は、リーダーの資格すらないと筆者は考えています。

Point!

自分はそうでないと思っても、
「部下を怒り、ねじ伏せた経験がある人」
「考えなくともお前はこれをやれ」と
反論する部下に対して思ったことがある人、
「こいつは何もわかっていない、こいつのレベルは自分より下だ」と

思ったことがある人は、皆アマチュアリーダー
どんな時でも、目の前の相手の考えや行動をまずは尊重する姿勢を持ち、
その上でメンバーの長所を絶対に見つけ、
それを敬おうと考える人間が優れたプロリーダーになれる

チームメンバーやその家族を尊敬し、敬えるリーダー

最後に私自身が最も大切だと考えているリーダー像を記載させていただきます。

チームメンバーやその家族を尊敬し、敬えるリーダーです。

悪いリーダーは、メンバーが担当する仕事の一片を見て、〝あいつは無能である〟と発言し、メンバーの能力全般や人間性を批判したり陰口をたたいたりします。

しかし、**最も優れたリーダーはメンバー一人ひとりの人生経験を尊重できるリーダー**だと私は考えています。仮にその職場で与えられた仕事について、目標達成できなかったとしても、その人が無能であるとは思いません。たまたまその人の人生経験と与えられた仕事の分野が合致しなかっただけだと私は考えるようにしています。人生50年、時間を過ごしてきたのであれば、必ず

50年分の経験値を持っています。どんな人間でも子供の親であり、子供や家族からは尊敬され、家族を支えています。これを理解し、**チームメンバー一人ひとりの人生を尊重し、その家族を尊重した上で、意思決定できるリーダー**が最も優れたプロリーダーであると私は考えています。

あとがき

本書は、数々の企業の経営改革や経営再建の経験に基づいて書かれています。経営改革の場では、目の前の人全員を幸せにすることが難しい場合があります。誰かが苦労し、不幸になるかもしれない意思決定が下される場合もあります。本書は、このような経営改革で直面する厳しい局面での経験を踏まえて執筆しました。

現在、日本経済は低迷が続き、外国企業による日本企業の買収や、外国人社員が台頭してきています。このような環境の中で、本書が、少しでも日本のリーダーの成長に貢献し、日本人や日本企業が世界の荒波で生き延びていくための糧となることを切に願っています。

本書執筆にあたり、思い出す言葉があります。私が携わった経営改革の直後に、会社を去られたある元部長の言葉です。その方が会社を去られてから、私はその方とお会いし「あなたが会社を去る結果となってしまい、本当に申し訳ない」と罪悪感を伝えました。すると、その元部長は、このように声をかけてくださいました。

「確かに、定年まで過ごせると思っていた会社から、経営改革によって突然退職しなければならなくなったのは事実だ。でも、今回の出来事（経営改革）がきっかけで長年勤めていた会社を退職することで、これまで見えていなかった世界を見ることができた。想像していなかった新しい道が開けた。会社では辛いことや厳しいこともあるが、一方で会社のおかげで、いろいろと学び成長もさせてもらった。これも人生。だから、君には感謝しているし申し訳なく感じる必要はない」

実は、このような言葉をかけてくださった方は他にもいらっしゃいました。今も私が、心折れずに会社の経営改革や経営再建に臨むことができているのは、退職されたにもかかわらず、このような励ましの言葉をかけてくださり今でも付き合ってくださっている多くの方々のおかげです。私のような新参者と共に汗を流して、会社をよくしようと働いてくださった多くの方々には、感謝をしてもしきれません。

経営改革時に新参者の私にも真摯に対応してくださり共に仕事をしてくださった皆さま、会社経営に携わるうえで必要な心構えを教えてくださったコンサルティング会社時代の上司、本書の執筆の機会を与えてくださったＰＨＰ研究所の皆さまに心より感謝申し上げます。

二〇二〇年一月

小早川鳳明

〈著者略歴〉
小早川鳳明（こばやかわ・ほうめい）
経営改革／企業再建プロフェッショナル
外資系コンサルティング会社を経て、現在は国内・海外企業の経営改革・再建や、企業買収業務に従事。企業価値向上の専門家。
日本を代表するグローバルメーカー、全国小売チェーン、高級アパレルブランドなどの海外M＆Aや事業戦略策定時のプロジェクトマネジメントに従事。従業員数万人規模の企業の再建や、海外企業の経営に携わる。
慶應義塾大学経済学部卒業、コロラド大学留学。慶應義塾大学経済学部では、学部生約1000人のうち、当時１％しか修了しない Professional Career Programme（経済のプロフェッショナルとして世界的に活躍する人材を育成する特別プログラム）を修了。
「日経xTECHラーニング」にて、『全エンジニアが身につけたい「コンサル的スキル」』を連載中。

装丁　一瀬錠二（Art of NOISE）
図版作成　桜井勝志（アミークス）

ハーバード・MIT・海外トップMBA出身者が実践する
日本人が知らないプロリーダー論

2020年２月20日　第１版第１刷発行
2020年３月24日　第１版第２刷発行

著　者　小早川鳳明
発行者　後藤淳一
発行所　株式会社ＰＨＰ研究所
東京本部　〒135-8137　江東区豊洲5-6-52
第四制作部　☎03-3520-9614（編集）
普及部　☎03-3520-9630（販売）
京都本部　〒601-8411　京都市南区西九条北ノ内町11
PHP INTERFACE　https://www.php.co.jp/

制作協力
組　版　株式会社PHPエディターズ・グループ
印刷所　大日本印刷株式会社
製本所　東京美術紙工協業組合

© Homei Kobayakawa 2020 Printed in Japan
ISBN978-4-569-84650-7
※本書の無断複製（コピー・スキャン・デジタル化等）は著作権法で認められた場合を除き、禁じられています。また、本書を代行業者等に依頼してスキャンやデジタル化することは、いかなる場合でも認められておりません。
※落丁・乱丁本の場合は弊社制作管理部（☎03-3520-9626）へご連絡下さい。送料弊社負担にてお取り替えいたします。

PHPの本

できるリーダーは、「これ」しかやらない

メンバーが自ら動き出す「任せ方」のコツ

伊庭正康 著

リーダーが「頑張り方」を少し変えるだけで、部下は勝手に頑張り出す！ 部下への〝任せ方〟を知らないばかりに疲れているリーダー必読！

定価 本体一、五〇〇円（税別）